CLUBSPOTTING

a journey into club culture

a cura di / by
Paolo Davoli & Gabriele Fantuzzi

[Photo] Fabio Boni

INDICE INDEX

DJ*ZONE text: paolo davoli

4 INTRO
9 MAFFIA HISTORY
12 GROOVERIDER
13 FABIO
14 4 HERO
16 KRUST FULL CYCLE
18 GOLDIE METALHEADZ
20 PHOTEK
22 PESHAY
24 MICHAEL REINBOTH COMPOST
25 JAZZANOVA
26 DAVE WATTS NATION
28 NITIN SAWHNEY
30 STATE OF BENGAL
31 PRESSURE DROP
32 HOWIE B
34 MATT CANTOR FREESTYLERS
36 PROPELLERHEADS
37 LES RYTHMES DIGITALES
38 JAMES LAVELLE MO'WAX
40 DJ KRUSH & DJ SHADOW
42 ITALIA
44 TIPPER & ILS

FLYER*ZONE text: fabio de luca & carlo antonelli

46 PRETTY FLY(ER FOR A CHEAP MAC
49/77 FLYERS AROUND THE WORLD

CLUB*ZINE

79/81 VV.AA.

ART*ZONE

82 FSD
84 DELICATESSEN
86 SATOSHI MATSUZAWA
97 ROBERTO BAGATTI

NU*DIRECTORS text: matteo bittanti

110 CHRIS CUNNINGHAM
113 MIKE MILLS
115 SPIKE JONZE
118 MICHAEL GONDRY

CLUBS ON THE WEB

122 CLUBS ON LINE
124 E-ZINE & MAGAZINES
126 RESOURCES

INTRODUZIONE

[testo] *paolo davoli*
[foto] *dario lasagni*

*"Il Mito del Moderno non esiste più.
I suoni saranno soppressi. Diventeranno disincarnati,
desemantizzati e come sacralizzati."*
(Pierre Henry - 1947 - da L'abc... finoprstv
Ed. it. Panta Musica num.14 - 1996)

Nella babele di linguaggi, suoni, immagini,
derive estetiche della nuova generazione che
ha eletto l'ELETTRONICA come transito obbligato
di un nuovo SENTIRE, cerchiamo di dipanare
dal groviglio reticolare di fili invisibili qualche
ipotesi utile all'orientamento per il lettore al
fine di stabilire un percorso minimo, una piccola
somma di stili, materiali e codici, necessari per
decifrare questa CULTURA MARGINALE e rendere
affascinante il percorso cognitivo a tutti.

Gli anni '90 sono stati vertiginosi per la
soggettività di questa generazione elettronica:
impolitica e post-edonista, nervosamente afasica,
mercuriale nelle pratiche di presenza sul
TERRITORIO. Non più strettamente legato
all'immaginario anglosassone e spedita in
soffitta la chitarra elettrica, il ventenne di oggi
traffica con BIT E BEAT nel suo
studio/laboratorio sonico in camera da letto
dove i nuovi strumenti sono PC, Cubase e
campionatore.

Il breakbeat, cioè l'arte tutta digitale di
spezzare il ritmo e ricombinarlo con l'ausilio
di software sempre più sofisticati come Cubase,
Logic o Recycle, è il vero e proprio BLUES
METROPOLITANO ANNI '90 che centrifuga e
rielabora le RABBIOSITÀ URBANE DIFFUSE nel
nostro emisfero occidentale. Divenuto l'ultima
radicale rivoluzione musicale, il breakbeat, ha
costituito la base di un movimento artistico che,
per la prima volta, ha come epicentro l'Europa

INTRO

[text] *paolo davoli*
[photo] *dario lasagni*

*The Myth of the Modern no longer exists.
Sounds will be suppressed.
They will be disembodied, de-semanticized, almost sacred.*
(Pierre Henry - 1947 from L'abc...finoprstv - Ed It Panta Musica
nr.14, 1996)

In the babel of languages, sounds, images,
aesthetic drifts of the new generation which
has chosen ELECTRONIC as its right of passage
of a new way of expression, we try to untangle
from the muddle of net-like invisible threads
some type of useful hypothesis to help orient
the reader in the aim of helping him take part
on a short journey illustrating a few styles,
codes and the necessary tools, to decipher this
MARGINAL CULTURE and make its run
understood, available and fascinating for
everyone.

The 90's were dizzying years for the subjectivity
of this electronic generation: unpolitical and
post-hedonist, nervously wordless, and volatile
in aim of putting itself on the map. No longer
tightly bond to the Anglo-Saxon imaginary and
fast paced squeal of the electric guitar, the
twenty year old now moves with BITS AND BEATS
in a sonic studio/laboratory in any given
bedroom where the new instruments used are
the PC Cubase and the Sampler.

Breakbeat, the total digital art of breaking up
the rhythm and putting it back together again
with the aid of constantly more sophisticated
software like Cubase, Logic or Recycle, is without
doubt the UNDERGROUND BLUES OF THE 1990'S
which spins and synthesizes the growing
widespread urban rage of our western
hemisphere. Being the latest radical musical
revolution, Breakbeat has at its epicenter Europe

e rielabora elettronicamente tutto lo scibile musicale novecentesco, in primo luogo la BLACK MUSIC, con le sue lunghe radici africane ed asiatiche.

Il decentramento e la frammentazione in tutta Europa - e non solo - della CLUBLAND, è il risultato dell'evoluzione sociale europea: senza centri, tra mille periferie. Da Parigi, Berlino, Bruxelles, Vienna, Zurigo e in Italia - perché no? - a Reggio Emilia, è tutto un brulichio di nuovi suoni e nuove radicalità.

A partire dall'esperienza fondante del club Maffia, una delle vie praticabili - certamente non l'unica - della CLUB CULTURE in versione italiana, veniamo a proporre CLUBSPOTTING, un'istantanea del QUI E ADESSO della cultura del club nella sua versione di parte, "MAFFIOCENTRICA".

CLUB CULTURE è un termine malleabile, gassoso, che fatica ad inquadrare tutte le pratiche, legali e illegali, vincolate allo spazio sociale del club. Non esiste un modello predefinito di CLUB CULTURE e delle sue correlate DANCE e DJ CULTURE, poiché essa per sua stessa natura è ossessionata dalla continua ridefinizione e mutazione repentina dei segni. Come dice Felix Guattari infatti "le forme di pensiero assistite dai computer sono mutanti per loro natura".

Certamente la CLUB CULTURE è un perimetro all'interno del quale esiste creazione di desideri e soddisfazione di bisogni: un laboratorio generazionale, frattale nei contorni, aleatorio nei contenuti, e di "resistenza" all'omologazione del mondo degli "adulti".
Una delle poche oasi di creazione di materiali artistici e culturali fuori rotta rispetto al fuoco divorante del Mercato Unico.

Come dice uno dei nostri artisti preferiti, Goldie: "Benvenuti nella nuova era elettronica".

and electronically reworks the global knowledge of 1900's especially the BLACK MUSIC, with its ancient African and Asian roots.

The decentralization and the fragmentation all over Europe - and not only - of Club culture, is the result of a European social evolution: without centers, and existing in thousands of suburbs. Paris, Berlin, Brussels, Vienna, Zurich, and in Italy - why not in Reggio Emilia? - it's all a teeming of new sounds and of new ways of being radical.

From Maffia club's pioneering experience, which can be one of, but certainly not the only way to experience club culture Italian Style, we propose CLUBSPOTTING, a quick picture of the here and now of club culture seen through its party and "MAFFIOCENTRIC" version.

CLUB CULTURE is a flexible, gaseous and evanescent term that labors at placing the practices, legal and illegal, that are locked to the social world of clubs. A precise model of club culture and its correlating DANCE and DEEJAY CULTURE doesn't really exist, because it's very nature is obsessed with the continual redefinition and sudden mutation of its aims. As Felix Guattari says, "All forms of computer assisted thoughts are mutants by nature".

Club Culture is certainly the perimeter at which the creation of desires and the need for satisfaction exists: a generation laboratory, fractional on the edges, uncertain in content and resistant to the approval of the "adult" world.
It is one of the few oases for the creative outbreak of artistic and cultural material in comparing to the devouring fire of the Single and Global Market.

As one of our favorite artists Goldie/Metalheadz says, "Welcome to the new era of electronic".

Anni fa. 1995 circa. c'era un bisogno di mettersi. tutti noi, sulla mappa. Retoricamente dicevamo "mettere Reggio Emilia sulla mappa". Ma in realtà eravamo noi a volerci mettere sulla mappa. Per "noi" intendo un gruppo di ragazzi del triangolo ceramico-produttivo-industriale. Reggio Emilia. Sassuolo. Modena. "LOUD MINORITY" era il piccolo slogan che si amava citare. Nulla di politico, molta rilassatezza e pragmatismo, che l'epoca engagèè era finita da un pezzo. La sezione interessata era quella artistica, nella sua sottospecie più reietta, quella musicale. Dicevo prima della necessità fisica, psichica del nostro "primum vivere". Da bambini annoiati c'era la voglia di costruirsi una "wunderkammer" a misura nostra, simmetricamente lontana dal regno balneare coccorichegno e dal centro sociale in gran voga. L'idea, per niente sui generis. era di reinventare i nostri Sancta santorum londinesi. BAR RHUMBA o BLUE NOTE a scelta. Luoghi dell'anima più che kindergarten dorati della generazione invisibile. La storia volle che. fortuna ed entusiasmo parimenti combinati, in tre mesi il Maffia nacque. Dall'autunno del 1995 ad oggi sono passati cinque anni di vitalità degna di nota. una curiosità insaziabile non ancora doma. alcune serate magiche di indicibile divertimento e un bel cumulo di storie personali ed esperienze incrociate, incasinate e vivissime.

Già il Maffia ha cinque anni, è appena iniziato il suo sesto. ha messo qualche dentino e si interroga su cosa farà da grande. animato da sogni e voglie incontrollate. Guardato a vista dai Grandi. sbuffa e cerca il senso più vero. più intimo della propria storia.

Il senso di questa storia? La vita suppongo. Anche se devo ammettere che la risposta più vicina la diede Keiron Brady. un "blood brother" londinese di lungo corso. Erano le 6 di mattina. qualche mese fa quando Keiron. lungo disteso sul marciapiedi della Shaftesbury Avenue. giusto fuori qualche metro dal Bar Rhumba. sbottò urlando: "ENJOY THIS FUCKING LIFE!"

MAFFIA HISTORY

[text] *Paolo Davoli*
[photo] *Stefano Camellini*

Some years ago - around 1995 - there was a strong need the need to be on the map. Rhetorically we used to say "to put Reggio Emilia on the map". Actually we wanted to be on the map. In "we" I mean a group of guys and girls coming from the pottery productive industrial triangle formed by the towns of Reggio Emilia. Sassuolo and Modena. "LOUD MINORITY" was the tiny slogan we loved to quote. No politic implications but looseness and pragmatism as the "engagee period" had gone forever. The involved side was the artistic scene and particularly its most rejected expression: the music. I was talking earlier about the physical and psychic need of our "primum vivere". As bored children we felt like setting up a "WUNDERKAMMER" made to our measure. symmetrically far from both the typical seaside resort discos and fashionable social centres. The idea was to reinvent our Londoners "Sancta Sanctorum". being Bar Rumba or The Blue Note. Places of the soul more than gilded "Kindergarten" of a transparent generation.

History has illustrated that luck and enthusiasm together created The Maffia Club in three months. Five years have passed from the autumn of 1995 ' till today. Five years of noteworthy vitality, of an insatiable and as yet not tamed curiosity, of some magic nights of unspeakable delights and a huge amount of crossed. intersected, lively and chaotic experiences. Yes. Maffia is five years old now. It has cut its teeth and - full of great expectations and animated by uncontrollable dreams and needs - is asking itself what to do when it grows up. Eyed by the "Big". it snorts and searches the deep meaning of its story.

And the meaning of this story? Life, I suppose. Even if I must admit that the closest answer was given by Keiron Brady, our "blood brother" and an experienced Londoner. It was 6 o' clock in the morning when Keiron, lying on the pavement of Shaftesbury Avenue, a few feet far from Bar Rumba. burst out shouting. "ENJOY THIS FUCKING LIFE!".

4 HERO	DJ PATHAAN	HOWIE B	PAUL DALEY (LEFTFIELD)
AGENT DAN (MONKEY MAFIA)	DJ PUNK ROC	INDIAN ROPEMAN	PELIROCCO
ALVIN C (WALL OF SOUND)	DJ RAP	JAMES HARDWAY	PESHAY
AMON TOBIN	DJ RED	JAZZANOVA	PFM
ANDY SMITH	DJ SOLO	JEEP BEAT COLLECTIVE	PHIL ASHER
APHRODITE	DJ STRETCH	JOHN B	PHOTEK
AQUA BASSINO	DJ SUV	JON CARTER	PLAID
AUDIO ACTIVE	DJ TAKEMURA	JUNGLE FUNK	PRESSURE DROP
BAD COMPANY	DJ VADIM	JURYMAN	PROJECT 23
BEN WILCOX	DMX KREW	KEIRON B	PSYCHICK WARRIORS OV GAIA
BENTLEY RYTHM ACE	DOC SCOTT	K.TENNISWOOD (TWO LONE SWORDSMEN)	QUANNUM
BILL RILEY	DYLAN	KEMISTRY & STORM	RAY KEITH
BOCHUM WELT	ED RUSH	KENNY KEN	RICHARD H. KIRK
BREAKBEAT ERA	ENDEMIC VOID	KID LOCO	RED SNAPPER
BRONX DOGS	FABIO	KRASH SLAUGHTA	RENEGADE SOUNDWAVE
BUSHFLANGE	FAUNA FLASH	KRUST	RUNAWAYS
BUSHWAKA (MATTHEW B)	FREESTYLERS	LAIDBACK	SHIMON - RAM TRILOGY
CLAUDIO COCCOLUTO	FREETLESS AZM	LAMB	SI BEGG
COLDCUT	FREQ NASTY	LES RHYTHMES DIGITALES	SOURCE DIRECT
COOL BREEZE	FROG JUNKIES	LO FIDELITY ALL STARS	STAKKA & SKYNET
CUT LA ROC	FUNDAMENTAL + NATION SOUND SYSTEM	LONDON ELECTRICITY	STATE OF BENGAL
DADDYLONGLEGS	FUTURE FORCES INC.	MARK JONES (WALL OF SOUND)	STEFAN ROGALL (ATOMHOCKEY)
DAVE TIPPER	GALLIANO FREDERIC	MEAT KATIE	SUBTROPIC
DEREK DEHLARGE	GENERAL LEVY	MICHAEL REINBOTH	THIEVERY CORPORATION
DIMITRI FROM PARIS	GODHEAD	MIDFIELD GENERAL	UP, BUSTLE & OUT
DIRTY BEATNIKS	GOLDIE	MOODY BOYZ/TONY THORPE	WIDE RECEIVER
DJ BAILEY	GROOVERIDER	MORCHEEBA	WILD BUNCH SOUND SYSTEM
DJ DIE	HARDNOX	MR SHO' NUFF	WILL WHITE (PROPELLERHEADS)
DJ FOOD	HARRY K (APOLLO 440)	NAKED FUNK	WISEGUYS
DJ KANE	HERBALISER	NITIN SAWHNEY	WRECKAGE INC.
DJ KRUSH	HIDDEN AGENDA	PALMSKIN PRODUCTIONS	ZEN PARADOX
DJ MORPHEUS	HOUSE OF 909	PATRICK FORGE	ZINC - GANJA KRU

95　　　　95/96　　　　97/98　　　　99/00

design: Gabriele Fantuzzi @ delicatessen

I.O.D. INSTITUTE OF DUBBOLOGY

L'Institute of Dubbology è l'agenzia di booking e management che affianca il club Maffia e ne cura direttamente la programmazione: lavora con un network di club dislocati in tutta Italia. Dal 1996 l'IOD è specializzata in musica elettronica e ad oggi ha organizzato oltre 200 tourneè di artisti (dj e live set) della scena elettronica. molti dei quali presentati per la prima volta in Italia.

The Institute of Dubbology is the booking agency of The Maffia Club and it is responsible for its artistic programme. It works with a network of clubs from all over Italy. Since 1996 I.O.D. has followed the electronic music and it has organized more than 200 DJ sets and live tours of artists from the electronic scene. many of them represented for the first time in Italy.

MEDIA BLITZ

Media Blitz è l'ufficio stampa e PR legato alle attività dell'agenzia IOD e del club Maffia. Cura la rappresentanza di artisti italiani quali il Maffia Sound System. Lele Sacchi e le produzioni del collettivo del Chemical Lab.

Media Blitz is the press and PR office linked to the artistic activities of IOD and Maffia Club. It follows the management of artists like Maffia Sound System. Lele Sacchi and the productions of the Chemical Lab Crew.

INSTITUTE OF DUBBOLOGY & MEDIA BLITZ
Via Gandhi 14
42100 Reggio Emilia - Italy
Tel 0039 0522 282128
Fax 0039 0522 378100
website: www.maffia.it/iod.htm
e-mail iod@helios.it

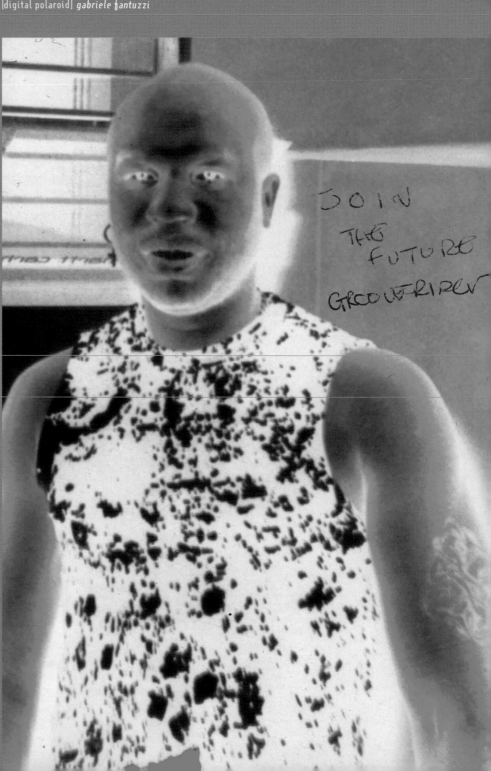

Discendente araldico di quella tradizione misteriosa ed esplosiva degli afrofuturisti del XX secolo, artisti come Sun Ra, Jimi Hendrix, Miles Davis, Underground Resistance (1), Grooverider è il dj per antonomasia del drum and bass.

Con Fabio, è colui che realizzato il sogno della jungle come linguaggio universale. Alla fine di quella corsa mozzafiato che è stata la STAGIONE DELL'AMORE dell'acid house inglese, al Rage di Londra un pugno di afromistici, angeli selvaggi dei suburbi, capeggiati da Grooverider, con il loro estremismo stilistico hanno praticamente inventato il drum and bass, accelerando freneticamente i beats e i breaks dell'house, della techno, dell'hip hop, portando al parossismo l'energia furente dei clubber estasiati. Da quella reietta nicchia dell'acid house, si sviluppo' un'estetica sonora le cui estreme propaggini sono tuttora in divenire, ma che ha completamente rivoluzionato il linguaggio della dance music, aprendo la pista da ballo alla sperimentazione più radicale dai tempi delle CAVES newyorchesi o parigine, il selvaggio jazz degli anni '40 e '50 del secolo scorso.

Grooverider è un artista colto e sofisticato, duro e ribelle che svolge un prezioso ruolo artistico di cerniera tra la più selvaggia black music degli ultimi cinquant'anni e la carica rivoluzionaria ed eversiva delle breakheadz e dei junglists proiettati a gran velocità verso il futuro.

Tra ghetto e funk, tra rivolta e breakbeat, questo è Grooverider.

GROOVERIDER

A heraldic descendent of that mysterious and explosive tradition of the afrofuturistics of the twentieth century, artists like Sun Ra, Jimi Hendrix, Miles Davis, and Underground Resistance(1), Grooverider is the Deejay par excellence of Drum and Bass.

With Fabio he is the man who has achieved the dream of making Jungle a universal language. At the end of that breathtaking run which was the SEASON OF LOVE of English acid house, at London's Rage, a handful of afromystics, with Grooverider as their ringleader, invented Drum and Bass, frenetically accelerating the beats and the breaks of House, Techno and Hip Hop, taking the raging energy of enraptured clubbers to paroxysm. From that cast out niche an aesthetic sound developed whose extreme offsprings completely revolutionised the language of dance music, opening up the dance floors to the most radical forms of experimentation from the times of the New Yorkers' or Parisians' CAVES which hosted last century wild Jazz of the 40's and 50's.

Grooverider is a cultivated and sophisticated artist, rough and rebellious. He plays the precious artistic role of the zipper between the most untamed black music of the last fifty years and that of the revolutionary and subversively charge of the newest Breakheadz and Junglists hurling rapidly towards the future.

Between ghetto and funk, rebellion and Breakbeat, stands Grooverider.

[Recommended Albums] *VVAA - Prototype years*
Grooverider - Mysteries of funk

FABIO è una pantera nera.
Calda, raffinata, agile, morbida, la sua
musica è come il suo corpo. Meraviglia
per la sensualità che emana.
Mai la jungle è stata così calda, così
sofisticata come nelle sue mani di abile
mescolatore. Ed è proprio di un
maestro del vinile come Fabio, l'abilità
di piegare a tanta musicalità un genere
ostico per sua natura.
Dato che il drum and bass si definisce
anche per le sue negazioni, per le sue
visceralità, seppur brutali.

Fabio riesce a estrarre, come un abile
minatore, le pietruzze d'oro piegate
nell'argilla scura della jungle. La sua
bravura sta nel far lievitare il ritmo,
lentamente, suggendo la fantasia e la
sofisticazione da ogni brano che
propone.
La folla, giù in pista, lo ama, perché
ogni volta che suona, è un gran galà,
eccitante come una sfilata di moda
per le nostre orecchie.

FABIO

FABIO is a black panther.
Hot, refined, agile, smooth: his music
being like his body.
Its sensuality marvels you.
Jungle has never been so hot: so
sophisticated like it is in his able hands.
Only a vinyl master like Fabio, may
subdue so musically a genre harsh by
nature. Drum and Bass defines itself
in fact also by its contradictions and
even brutality.

Like a skilful miner Fabio is able to
extract the small pebbles of gold
folded in the dark clay of Jungle.
His skill lies in his ability of letting
the rhythm rise slowly, suggesting
fantasy and delicacy in every track he
introduces.
The crowd down on the dance floor
loves him because every time he spins
it's a grand gala, an exhilarating
fashion show for the ears.

[Recommended Album]
VVAA - Liquid Funk

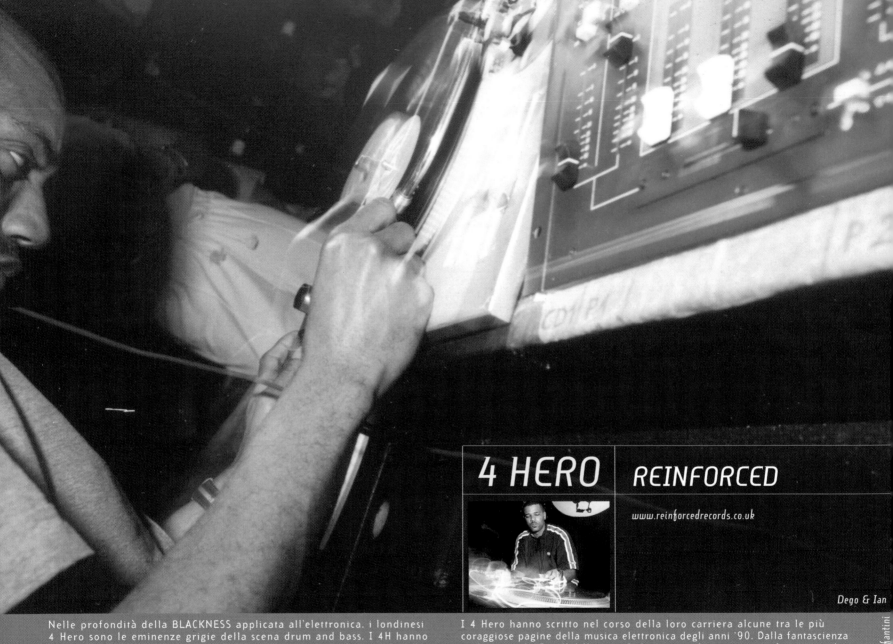

4 HERO REINFORCED

www.reinforcedrecords.co.uk

Dego & Ian

[photo]gianluca figliola fantini

Nelle profondità della BLACKNESS applicata all'elettronica. i londinesi 4 Hero sono le eminenze grigie della scena drum and bass. I 4H hanno creato la più longeva e creativa delle etichette indipendenti inglesi di jungle. la Reinforced che in undici anni di attività ha ricombinato l'intero spettro di musiche dance CONTRO. Dal periodo iniziale dei rave illegali definito HARDCORE alla jungle venata di ragga. fino ai primi vagiti del nuovo suono urbano. il drum and bass. Vale a dire la summa della scienza del breakbeat.

Le ultime produzioni Reinforced sono all'insegna dell'astrattismo elettronico. Artisti come G Force & Seiji. Alpha & Omega. Sonar Circle e Sci-clone. sono per la Reinforced il ponte ideale tra il presente remoto della cultura dei rave 80s e il futurismo primitivo del drum and bass astratto.

I 4 Hero hanno scritto nel corso della loro carriera alcune tra le più coraggiose pagine della musica elettronica degli anni '90. Dalla fantascienza escheriana di "Parallel Universe" al mosaico di nuovo jazz elettronico di "Two Pages" dove il suono viaggia alla velocità di un virus nomade. riscrivendo il soul. il jazz. il funk. la jungle del terzo millennio.
I 4 Hero sono allora la perfetta incarnazione di quanto ha scritto Mark Fischer: IL DRUM AND BASS È L'IMPOSSIBILE COMBINAZIONE DI BLACKNESS E FUTURO (2).

Dego e Marc dei 4 Hero sono anche gli artisti/musicisti più influenti e carismatici del nuovo movimento musicale definito Nu Jazz. ovvero il suono del jazz elettronico del 21° secolo.

[Recommended Albums]

4 Hero - Parallel Universe
4 Hero - Two Pages
4 Hero - Reinterpretation
VVAA - Enforcers-Deadly Chambers of Sound

Speaking about the depth of the term BLACKNESS when applied to electronic music. the Londoners 4 Hero are the intellectual eminence behind the throne of the Drum and Bass scene. The 4H have created the Reinforced. the longest lasting independent English Jungle label. which in its eleven-year history has re-combined the entire spectrum of alternative dance music being present form the beginning of the illegal rave periods - later known as "hardcore" - to the ragga-jungle. till the first steps of the new urban sound. the Drum and Bass.

The latest Reinforced releases come under the banner of abstract electronic art. Artists such as G Force & Seiji. Alpha & Omega. Sonar Circle and Sci-clone. are the ideal bridge between the 80's rave culture and the primitive futurism of abstract Drum and Bass.

4 Hero wrote some of the most courageous pages in the history of the electronic music of the 90's. as for example with their Escher-like science fiction "Parallel Universe" or thanks to the mosaic new electronic Jazz of "Two Pages" where the sound moves at the speed of a nomadic virus. rewriting Soul. Jazz. and Funk and creating the Jungle sound for the third millenium.

4 Hero are then the perfect embodiment of what Mark Fischer has written: "Drum and Bass is the IMPOSSIBLE COMBINATION OF BLACKNESS AND THE FUTURE" (2).
Dego and Marc of 4 Hero are also the most influential expert musicians of the charismatic new musical movement called Nu Jazz. the 21st Century sound of the electronic Jazz.

Morgan

All'interno della ridislocazione fuori Londra del movimento jungle a metà 90s, Bristol gioca una sua importante partita.

Roni Size, Krust, Die, Suv sono l'epicentro di una progettualità inusuale all'interno della scena dance: Reprazent e Breakbeat Era sono infatti due tra i momenti musicali più alti realizzati dal drum and bass nei 90s.

Più sperimentale rispetto a Roni Size, Krust se ne differenzia anche per una maggiore disponibilità alla congettura, alla speculazione, all'idea lunga, all'approccio fantascientifico. Il suo album "Coded Language" è puro suono speculativo, macchina del tempo tesa a rimuovere le distanze siderali tra melodia e rumore, ritmo e macchina. Una proposta, la sua, volta a digitalizzare il groove, decodificare i flussi sonori e a interiorizzare intensità ed emozioni. Krust è il mentore di una fantascienza sonora sintetica e organica, dove più TEMPI maturano e collassano simultaneamente. Con Krust, il drum and bass s'interfaccia con il futuro in differenti gradi di complessità.

Riuscirà l'artista bristoliano a scoprire **il canale multiforme in grado di decodificare le frequenze dei cambiamenti del mondo?**(3)

KRUST   FULL CYCLE

www.krust.co.uk

Bristol played an important role in the transfer of the Jungle movement outside London in the mid 90's.

Roni Size, Krust, Die, Suv are at the epicenter of an unusual movement inside the dance scene: Reprazent and Breakbeat Era represent two among many of the highest musical moments of Drum and Bass in the 1990's.

More experimental than Roni Size, Krust differentiates himself by being more at his ease with conjecture, speculation, idea extension, and a science fiction like approach to creating music. His album "Coded Language" is pure speculative sound, like a time machine removing the huge constellation gaps that divides melody from mere noise, and rhythm from mechanical sound. His offering is directed to the digitalisation of groove and to deciphers resounding flows while internalising intensity and emotion.

Krust is the master of the organically synthetic science fiction sound, where numerous beats mature and collapse simultaneously. At Krust hands drum and bass interfaces with the future on multiple levels of complexity.

Will the artist from Bristol discover the multiple channel able "to decipher coded language manmade laws"? (3)

[photo] stefano camellini

[Recommended Albums]

Reprazent - New Forms
Breakbeat Era - Ultra Obscene
Krust - Coded Language
Full cycle VVAA - Music Box

GOLDIE | METALHEADZ

Goldie & Sto

"Qualescumque manus ad caelum et sidera tollit" Ovidio
"Levò al cielo, verso le stelle, quelle che erano state le sue mani". (4)

Così lo immagino Goldie. SPIRITO PURO DELL'ASTRO-JUNGLE di fine secolo. portentoso visionario che ci ha condotto sulle ali di un suono verso lo spazio siderale SENZA TEMPO.
Attraverso il suo drum n bass da lato oscuro della forza, ha saputo ampliare e innovare il linguaggio giovanile dei 90s veicolandolo con ATOMICO FURORE FUTURISTA (5) nelle scioccanti serate METALHEADZ che si svolgevano nella Londra suburbana di qualche anno fa.

Il suo, "Timeless", è un manifesto delle teste di metallo che cercano di essere angeli, persi in lontane geometrie ultraterrene. Nelle lontananze siderali, liquefatti nel lontano ricordo di un ELECTRONIC FUNK, i BLACK JUNGLIST si proiettano angosciati nello spazio illimitato e sconosciuto di un futuro spaventoso.

Goldie trasforma le metropoli in BIDONVILLE DELL'ESSERE (6), generando suoni che diventano il blues urbano degli anni novanta. Il suo distopico escapismo dal pianeta terra ci offre tutta l'angoscia. la rabbia. lo spleen. della generazione inglese di fine secolo.

L'age d'or del breakbeat inizia con Goldie.
Ne rimarrà per sempre il suo cantore disperato?

[photo]stefano camellini

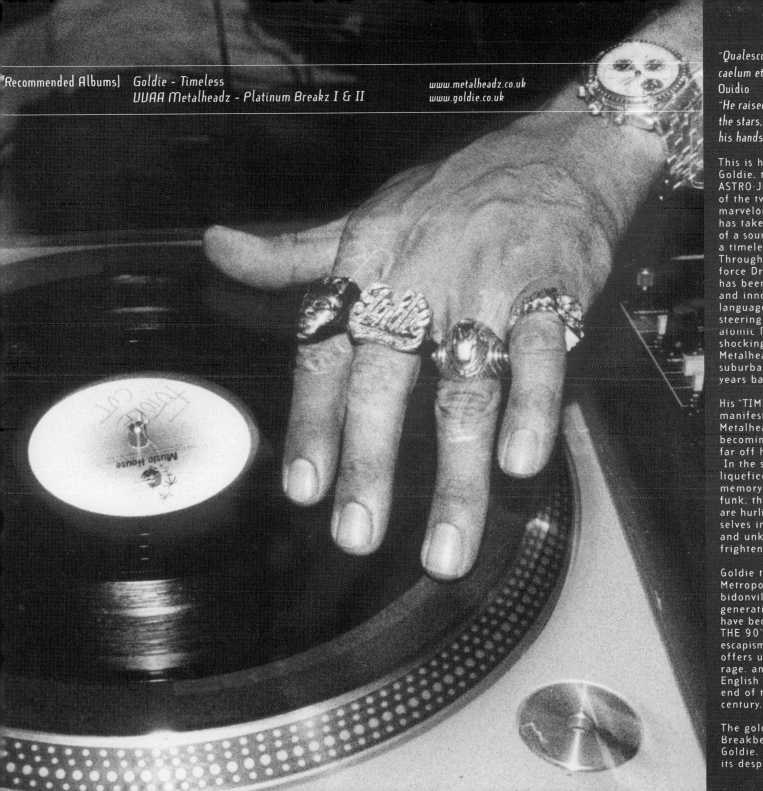

[Recommended Albums] Goldie - Timeless
                      UUAA Metalheadz - Platinum Breakz I & II

www.metalheadz.co.uk
www.goldie.co.uk

"Qualescumque manus ad caelum et sidera tollit" Ouidio
"He raised to the sky, towards the stars, that which had been his hands". (4)

This is how I imagine Goldie. the pure spirit of ASTRO-JUNGLE at the end of the twentieth century. a marvelous visionary who has taken us on the wings of a sound moving towards a timeless sidereal space. Through his dark side force Drum and Bass. he has been able to broaden and innovate the juvenile language of the 90's steering it with futuristic atomic frenzy (5) in the shocking nights that the Metalheadz displayed in suburban London a few years back.

His "TIMELESS" is a manifest of the Metalheadz' pursuit at becoming angels. lost in far off heavenly geometry. In the stellar remoteness. liquefied in the distant memory of an electronic funk. the black Junglists are hurling their anguished selves into the boundless and unknown space of a frightening future.

Goldie transforms the Metropolis into "the bidonville of being"(6). generating sounds that have become the BLUES OF THE 90'S. His dystopic escapism from planet Earth offers us all the anguish. rage. and gloom of the English generation at the end of the twentieth century.

The golden age of Breakbeat starts with Goldie. Will he always be its desperate singer?

PHOTEK

Per un'algebra moderna del ritmo dove il funk è congelato nella sua logaritmica bellezza.

Con Photek il drum and bass realizza il sogno della Breakbeat Science: rimpicciolire o ingrandire una forma senza mutarne l'aspetto, come in uno gnomon(7).
Grazie a Photek si ritorna all'essenza del numero poiché, come un matematico-filosofo dell'antica Grecia, ricollega la matematica con il divino. Il suono attraverso il numero aiuta a trascendere l'esperienza dei sensi, facendo emergere l'origine divina della musica.

La digitalizzazione del beat attraverso la logica binaria della BIT GENERATION non lascia vie di fuga alla pagina musicale: le sonorità geometriche diventano di un nitore stordente mentre il colore diventa GROOVE. intreccio, e l'intreccio ritmico diventa NARRAZIONE LABIRINTICA.
Echi lontani di funk. jazz. techno e suoni orientali sono riletti attraverso la moderna teoria dei numeri.
Il grado zero raggiunto dalle Photek Production esprime bene un ricombinante senso di modernità.

Se da un lato le tracce sembrano soffrire di SPAESAMENTO E DE-PERSONALIZZAZIONE. dall'altro guadagnano in splendida capacità evolutiva. creando un suono in movimento. in continuo divenire.

Le possibilità del drum and bass, grazie a scienziati del suono come Photek. diventano infinite.

Con Photek nasce la MISTICA DEL BREAKBEAT.

[photo]stefano camellini

A modern algebra of rhythm where Funk is frozen in its logarithmic beauty.

With PHOTEK Drum and Bass realizes the dream of Breakbeat Science: reducing or enlarging a form without changing its aspect. like in a gnomon (7).
Thanks to PHOTEK we return to the essence of the number as. like an ancient Greek mathematical-philosopher. it reconnects math to the divine.
Sound through numbers helps transcend the senses' experience. making the divine origins of music emerge.

The digitalization of the beat through binary logic of the BIT GENERATION doesn't leave an escape route for the music sheet: the geometric sounds become a stupefying splendor while the color an intertwining groove. then the rhythmic intertwining becomes a labyrinthic narration.
Far away echoes of Funk. Jazz. Techno. and sounds from the Orient are reread through this modern theory of numbers. The zero degree reached by Photek Productions well expresses a recombined sense of modernity.

If from one side the sounds seem to be suffering from BEWILDERMENT AND DEPERSONALIZATION. from the other they gain in the splendid evolutionary capacity. creating a movement of continuous growth.

The possibilities of Drum and Bass. thanks to sound scientists like Photek. are infinite.

With Photek the MYSTIQUE OF BREAKBEAT is born.

[Recommended Albums]
Photek - Form and Function
Photek - Modus Operandi

[photo|gianluca figliola fantini

Con consumata eleganza Peshay è il gran cerimoniere del matrimonio tra drum and bass e jazz.

Paul Pesce è un sognatore, un HIPSTER dalla testa d'angelo(8), perso tra le figure mitiche del jazz fifties e sixties, quando il jazz era nella sua età dell'oro e Coltrane, Davis, Parker, Hancock, Lonnie Smith erano gli artisti da seguire, ultimi eredi di una magia inestinguibile.

E di quella lezione di jazz, funk, blues, Peshay ne è diventato un affabulatore per le giovani generazioni. Le pagine dei suoi brani

sono sempre sorrette da contrabbassi pneumatici e batterie cinetiche ma il cuore, il nocciolo è là, nel caldo panno del jazz. Peshay, abituato allo swing come la carne al sangue, ha inserito l'eretica pila atomica del JUNGLIZM della Londra fine secolo nel corpo bollente del groove.
Ma la sua non è nostalgia bensì narrazione di un mondo-suono dove il sogno del be bop non è stato ancora infranto.

Peshay è un abile evocatore di un immaginario jazz futuro dove "Nu Jack Swing", "Miles from Home" e "Vegas" sono le audiosculture di una nuova Cool Era.

[Recommended Albums]

Peshay - Miles from home
VVAA - Pivotal - 21st Century Grooves

VVAA - V Recordings - Planet V
Courtney Pine: Remixes

With consummate elegance Peshay is the master of grand wedding ceremony between Drum and Bass and Jazz.

Paul Pesce is a dreamer, a HIPSTER from the head of an angel (8), lost between the mythological Jazz figures of the fifties and sixties, when Jazz was in its golden age and Coltrane, Davis, Parker, Hancock, and Lonnie Smith were the artists to follow as last heirs of an inextinguishable magic.

From that lesson of Jazz, Funk, Blues, Peshay has become an amazing and fascinating story-teller for the younger generations. The pages of his songs are always sustained by pneumatic bass and kinetic percussion, although the heart, the core is there, in the warm woollen cloth of Jazz. Peshay, who knows Swing like the flesh knows blood, has inserted the heretic atomic battery of JUNGLIZM in the hot body of groove, in the London fin du siècle.

Peshay is an able evocator of an imaginary futuristic Jazz where Nu Jack Swing, Miles from Home and Vegas are the sound sculptures of the new Cool Era.

Amongst the things which the electronic revolution should be thanked for it is well worth remembering the fact that it put continental Europe on the map. Dust covered, history loaded cities like Berlin, Vienna and Paris among many others have become the nerve centres of the new generation and have offered "proper universities" of Breakbeat dishing out high level artists destined to achieve worldwide fame.

Behind this central European miracle there is an intellectually sensitive and enterprising artist, Michael Reinboth. A nocturnal agitator of nightclubs and of the most exclusive German nights, Reinboth has been the untiring tactician behind the Compost label, the far-sighted curator of the harvesting of the "Future Sounds of Jazz". Reinboth and his followers are no doubt part of that International Jazz Set that has names as Gilles Peterson, Ufo and 4 Hero among its and which has taken Jazz down from the moldy academic bookshelves and put it back on the dance floor where it belongs.

For this reason - and for many others - Michael Reinboth earns his place in the ELECTRONIC PANTHEON and no one will remove him from it. Thanks to him we can now hear Jazznova, Fauna Flash, Rainer Truby Trio, Beanfield and we find ourselves with half of Europe reawakened. Even if in the dangerous company of Breakbeat, Jazz, thanks to Reinboth, has returned on the road.

[Recommended Albums]

Beanfield - Beanfield
Beanfield - Human Patterns
Fauna Flash - Aquarius
VVAA-Compost
Future Sounds of Jazz Vol.1/6

Fauna Flash [photo]stefano camel

MICHAEL REINBOTH

COMPOST

www.compost-records.com

Aver messo l'Europa continentale sulla mappa è uno degli effetti per cui è doveroso ringraziare la rivoluzione elettronica. Polverose metropoli cariche di storia come Berlino, Vienna, Parigi, Barcellona, Budapest sono diventate punti nevralgici del nuovo agire generazionale. Città come Monaco si sono reinventate come vere e proprie università del breakbeat e sfornano artisti di alto livello destinati a sicura fama mondiale.

Dietro a questo miracolo mitteleuropeo c'è un artista intellettuale sensibile e intraprendente, Michael Reinboth. Agitatore notturno dei locali e delle serate più esclusive della Germania, Reinboth è stato l'instancabile manovratore dietro l'etichetta Compost e quindi lungimirante curatore delle raccolte di "Future Sounds of Jazz". E Reinboth e i suoi accoliti fanno sicuramente parte di quel

Jazz Jet Set internazionale che annovera fra le sue fila personaggi come Gilles Peterson, Ufo, 4 Hero e che ha riportato il jazz in pista da ballo togliendolo dagli scaffali ammuffiti delle accademie.

Anche solo per questo motivo un posto nel PANTHEON ELETTRONICO a Michael Reinboth non glielo leva nessuno. Grazie a lui possiamo ascoltare ora Jazzanova, Fauna Flash, Rainer Truby Trio, Beanfield e ci ritroviamo con mezza Europa risvegliata. Anche se in pericolosa compagnia del breakbeat, il jazz, grazie a Reinboth, è ritornato sulla strada.

left: Jurgen (Jazzanova)
right: Stefan "Phantom 309" Rogall
[photo]stefano camellini

JAZZANOVA

Dopo che Bill Burroughs, Wim Wenders e U2 ci avevano proposto la Berlino da buco nero della storia, archetipo del collasso del Moderno che ci attanaglia, e dopo che la Techno City praticava la via teutonica all'elettronica in modo molto quadrato, ecco che arrivano i Jazzanova con il loro polveroso retro jazz, addirittura latineggiante. La dimensione, anche interiore, che avevamo di Berlino ne esce frantumata. Ma come? La Berlino città NOIR per eccellenza dove il rock, la techno, l'industriale, il punk, il Novecento insomma ha assunto l'aura del "maledetto"...

I tempi cambiano, il baricentro di Berlino post Muro si è spostato inesorabilmente nella zona Est, che fu una delle capitali TERRIBILI dell'Impero dell'Est. Berlino ha voltato pagina con i Jazzanova ed il loro Sonar Kollektiv, dove - con altri artisti come Atomhockey, Dixon et alii

sono diventati alfieri dello STORTISMO ritmico, del beat sghembo, dell'offbeat, insomma. E allora scorgiamo che la storia è caduta nella polvere, il tempo è scisso. ALTRO rispetto al Moderno, l'elettronica è vista dal bulbo verso l'alto. La musica ha preso un'altra delle sue traiettorie parallele e finalmente anche Berlino ha la sua anima latina. Berlino non basta più a sé stessa, guarda a Sud, al Mediterraneo, al Brasile, all'Afroamerica del jazz. Jazzanova-Latin Breakbeat-Berlino, che rivoluzione!

After Bill Burroughs, Wim Wenders and U2 suggested us a Berlin as the city from the BLACK HOLE of history, archetypal of the collapse of Modern, and after the Techno City practiced the Teutonic road to the electronic world in a sensible but rather dull manner, here is the arrival of Jazzanova with their dusty retro even latinised Jazz. The dimension we had of Berlin comes out fragmented. But how? Berlin, "ville noir", the black city par excellence where Rock, Techno, Industrial and Punk, has taken on the aura of "damned"...

Times change, the centre of gravity of post wall Berlin has moved inexorably to the East, which used to be one of those "terrible" capitals of the Eastern Empire. Berlin has turned the page with Jazzanova and their Sonar Kollektiv, where - with other artists like Atomhockey, Dixon et alii - have become pioneers of a crooked and twisted beat, the offbeat, in a word. So we understand that history has fallen into the dust and music has taken another parallel trajectory and finally even Berlin has its Latin soul. Berlin won't stop itself: it's looking south to the Mediterranean, Brazil, and to Afro-American Jazz.

Jazzanova -Latin, Breakbeat-Berlin, what a revolution!

[Recommended Albums]

VVAA - The Sound of the City Berlin mixed by Jazzanova
Jazzanova Ep 1 - Fedime's Flight a.o. (Ep, JCR)
Jazzanova Ep 2 - Caravelle, Konclave, Introspection" (Ep, JCR)
Jazzanova Ep - Caravelle, Fedime's Flight a.o. (Maxi Cd, JCR)

La Nation records di Aki Nawaz è la casa degli anarchici del ritmo, dei messaggeri della GLOBAL TECHNO, l'anima ribelle e combattente del breakbeat.

I guerriglieri urbani della Nation sono portatori sani di una concezione INTERNAZIONALISTA della dance e quindi inarrestabili cronisti dello strapotere del Capitale sui Cinque Continenti.

Dave Watts, artista-cantante-ginnasta-provocatore della parola nei Fundamental, è uno dei Posseduti dal Suono, come Howie B.

La sedizione sonica del breakbeat lo colpisce, lo tramortisce, lo precipita in una estasi da ritmo, come un guerriero futuro trafitto dai beats.

Dave Watts è un'anima migrante della diaspora afro-caraibica, è l'eleganza di un'Africa futura ed elettronica mai doma, sempre pronta a combattere con l'arte di un sorriso e una molotov nella puntina.

"Sister India, Mother Africa" dei Fundamental ha aperto la strada a una stagione di nuove consapevolezze, sia artistiche sia politiche, nella scena elettronica mondiale. L'etichetta Nation e i suoi alfieri come Fundamental, Tj Rehmi, Transglobal Underground, Asian Dub Foundation et alii, hanno donato al breakbeat tutto il fascino dell'Oriente, sciogliendo l'imponente nodo gordiano dell'elettronica moderna, troppo eurocentrica e bianca, contaminandola e contaminandosi.

In questo riavvicinamento culturale al Sud del mondo, Dave Watts e compagni sono stati assolutamente grandi. Il Nation Sound System di Mc Lean e Watts è uno dei più visionari e insieme consapevoli dj set che abbiamo ascoltato, dove l'Oriente incontra l'Occidente in una indomabile e altera guerriglia funk.

www.nationrecs.demon.co.uk

DAVE WATTS | NATION

[photo] *left: gianluca figliola fantini*
right: stefano camellini

Aki Nawaz's Nation Records is the house of the anarchists of rhythm, messengers of GLOBAL TECHNO and rebellious and combatant souls of Breakbeat. Nation Records' urban guerrilla warriors are the sound carrier of the INTERNATIONALIST concept of DANCE and therefore the relentless reporters of the incredible power of the Capital on the Five Continents.

Dave Watts: artist, singer, athlete and Fundamental's word provokeris, one of the possesed by the sound, as Howie B. The sonic sedition of Breakbeat attacks him, knocks him out, and hurls him into an ecstasy of rhythm, like a warrior of the future wounded by the beats. Dave Watts is a wandering soul of the Afro-Caribbean Diaspora; he embodies the elegance of an electronic African future, never tamed, but forever ready to fight with a smile and a Molotov in the needle.

"Mother India" by the Fundamental has opened up the path to a new season of awareness, both artistic and political, on the world-wide electronic scene. The Nation label and its pioneers, like Fundamental, TJ Rehmi, Transglobal Underground, Asian Dub Foundation et alii, has given to Breakbeat all the charm of the Orient undoing the imposing Gordian knot of modern, Eurocentric and white electronic music, contaminating it and being contaminated in the process. In this cultural re-approach to the southern part of the world, Dave Watts & Co. have been absolutely fabulous. MacLean's and Watt's Nation Sound System is one of the most visionary and aware deejay sets we have ever heard and seen. It is where the East meets the West in an untamable dignified guerrilla Funk.

[Recommended Albums]

Fundamental - Seize the time
Transglobal Underground - Dream of 100 nations
Tj Rehmi - Mera Therapy
Asian Dub Foundation - Rafi's Revange

NITIN SAWHNEY

Jayanta Bose

Il fiore più dolce degli ultimi dieci anni.
Figlio della club culture, ma non della scena elettronica. Trapezista in raffinato equilibrio tra musica acustica e suono elettronico, in bilico tra chitarra flamenco e software Cubase, capace di anticipare di gran lunga la figura dell'artista prossimo venturo. In una eventuale indagine sulla nuova realtà elettronica inglese, Nitin Sawhney è l'archetipo dell'Artista Rinascimentale nell'era digitale. Il suo UMANESIMO, la sua cultura personale odora di antico, ha riflessi di altre culture e altri tempi, rispetto al NUOVO SENTIRE rivelato dai giovani BEDROOMS BORES già immersi nell'empatia tecnologica da uomini futuri. Sawhney è quindi l'alchimista che tramuta l'avanguardia radicale della club culture in pop, portando l'elettronica dance fuori dalle piste da ballo.

Sarà per l'accesso a due culture millenarie, quella indiana e quella europea, ma il suo approccio è realmente diverso. Il suo pop d'autore è fascinosamente ritmico ed elettronico. Le schegge di jungle, dub, jazz e di altri ESOTISMI DA STRADA INGLESE ben si amalgamano con l'universo indiano, con i suoi suoni, le sue melodie, le sue diverse scale ritmiche.

Un artista che si interroga su se stesso, sul concetto di nazione, di identità, sulla società. Politico, quindi, nonostante i tempi avversi, che comunicano solo edonismo e disimpegno.
Nitin Sawhney è la prova vivente della verticalizzazione avvenuta con il suono elettronico: non più facile SONOLOGIA bianca ed europea, ma ESSENZA e CUORE anche delle minoranze più refrattarie all'omologazione.
La rivoluzione dance ha ATTRAVERSATO VERTICALMENTE tutta la società inglese, dimostrando di aver lavorato in profondità nel sociale e Sawhney ha quindi il merito di rendere universale un codice generazionale, che altrimenti rimarrebbe entropicamente imploso nella sua britannicità.

Nitin è un SACERDOTE DEI FIORI che porta la sua arte SENZA FRONTIERE a livelli altamente poetici ed emozionanti inventando il futuro pop globale per le nuove generazioni digitali che abitano i cinque continenti.

The sweetest flower of the last ten years. The child of club culture, but not of the electronic scene. The refined trapezist among acoustic music and electronic sound, hovering between Flamenco guitar and Cubase software, capable of anticipating far and away the shape of the next up and coming artist.
In a possible inquiry done on the new reality of the English Electronic sound, Nitin Sawhney is the archetypal of the Renaissance Artist in the digital era. His humanism, his personal culture has the smell of an ancientness with reflections of different cultures and past times in respect to a new sentiment. Sawheny is then the alchemist that transforms the radical avant-garde of club culture in Pop, taking electronic dance off the dance floor.

It would be for his access to two millenary cultures, thus being the Indian and the European, but Sawhney is truly "beyond". Its pop is fascinatingly rhythmic and electronic. Chips of Jungle, Dub, Jazz and other "exotic qualities from the English road" mix well with the Indian universe sounds, melodies and various rhythmic scales.

An artist that questions himself on the concept of nation, identity, and society. Therefore political even in times which communicate only hedonism and disengagement .

Nitin Sawhney is the living proof of the vertical organization of the electronic sound: no longer simple white European sonology, but essence and heart of those minorities most resistant to the homologation..

The dance revolution has "vertically crossed" the entire spectrum of English society, demonstrating that it has worked deep into its social consciousness and Sawhney then possesses the merit to render a generation code universal to everybody which would otherwise remain entropically closed in its Britishness. Nitin is a "FLOWER PRIEST" that takes its "BORDERLESS ART" to the highest poetic and emotional levels and invents the future of global Pop for the new digital generations living on the five continents.

[Recommended Albums]

Sawhney - Migration
Sawhney - Beyond Skin

Sawhney - Displacing the priest
VVAA Outcaste - Untouchable beats vol.1 e 2

[photo]stefano camellini

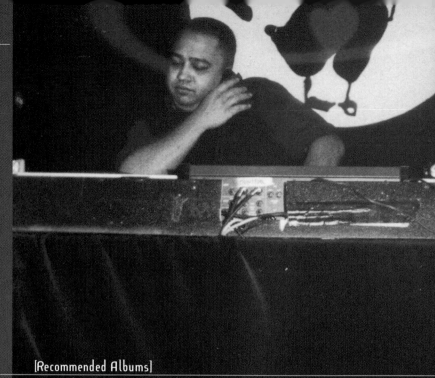

Sam Zaman, aka State of Bengal, rimarrà nel mito anche solo per essere stato il primo dj indiano a suonare jungle nelle serate Anokha. PARTNER IN CRIME di Talvin Singh nel risveglio della gioventù anglo-indiana avvenuta negli ultimi anni in Inghilterra e resa globale grazie al successo delle serate ANOKHA al Blue Note. SOB si differenzia dalle varie scene inglesi per una sua particolare ed originale estetica. La sua poetica è attraversata dal drum and bass, usato con una battuta particolarmente lenta che ne evidenzia e sottolinea l'aspetto ritmico più sensuale e sinuoso, e dal massiccio utilizzo di stilemi musicali melodici che si rifanno alla tradizione indiana. Notevole il suo esordio, "Audiovisual" che ben documenta il suono della strada, in quella viva Londra dell'East End, crogiolo di razze e luogo di riferimento della comunità anglo-indiana.

SOB si è ultimamente impegnato, come instancabile agitatore culturale quale risulta essere, nel promuovere un incontro ad alto livello tra la cultura popolare indiana e le nuove DANCE CULTURE europee. Le sue ultime produzioni-collaborazioni lo lanciano ai vertici del SUONO GLOBALE. La collaborazione con il maestro di sitar Ananda Shankar nasce dall'idea di miscelare i nuovi suoni elettronici fondendoli con quelli della tradizione indiana. Con un piede nel futuro e l'altro nel passato Sam Zaman ha proposto anche la sua versione delle colonne sonore bollywoodiane, dove tra sezioni d'archi e fascinosi junglismi lenti, una nuova visione, non solo musicale, prende corpo. In compagnia questa volta di altri meticci elettronici quali Underwolves, Badmarsh e Kingsuk Biswas, SOB si cimenta in arditi e meravigliosi rimescolamenti dei temi orchestrali del compositore indiano Jolly Mukherjee. Un'opera, quest'ultima, dal fascino completo: superba.

STATE OF BENGAL

Sam Zaman, aka State of Bengal, will remain a myth even for just having been the first Indian deejay to play Jungle during the nights at ANOKHA. Partner in crime of Talvin Singh in the reawakening of the Anglo-Indian youth which has taken place in the last few years in England and which has been celebrated by the successful Anokha nights at Blue note. SOB differentiates himself from the various English artists on the scene by a particular and original aesthetic. His poetry comes through the Drum and Bass used with a particularly slowed down beat that emphasizes and underlines the rhythmic aspect making it more sensual and sinuous, and from his massive use of stylistic musical melodies that go back to the Indian tradition. "Audiovisual" - noteworthy debut - remarkably documents the sounds in the streets of London's East End melting pot of races which acts as the reference point for the Anglo-Indian community.

SOB has recently been busy, like an untiring cultural agitator, in encouraging a high level meeting between the popular Indian culture and the European dance cultures. His latest productions and collaborations have shot it to the summit of "GLOBAL SOUND". The one with the Sitar teacher Ananda Shankar has given birth to the idea of fusing the new electronic sounds to those of traditional Indian music. With one foot in the future and the other in the past Sam Zaman has also proposed his own version of bollywood soundtracks, where among sections of strings and fascinating slow Junglism, a new vision, not just musical, takes form. This time in the company of other electronic artists such as Underwolves, Badmarsh and Kingsuk Biswas, SOB cements himself in bold and marvelous re-mixes of orchestral themes by the Indian composer Jolly Mukherjee. The result is a superb and charming work.

[Recommended Albums]
State of Bengal - Audiovisual
State of Bengal & Ananda Shankar - Walking On
Jolly Mukherjee & Madras Cinematic Orchestra - Fusebox Remix

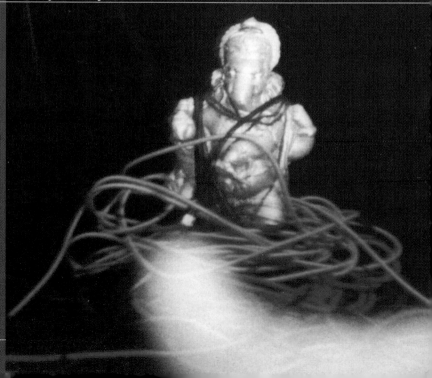

Sam Zaman [photo]*stefano camellini*

Se ha senso un termine come comunità elettronica o scena dei LONDON BEATS. beh. i Pressure Drop sono in quella comunità dal primo giorno. Ne sono I VECCHI SAGGI rispettati. La loro maestria di SELECTAH è diventata leggendaria. Dalle loro borse di dischi emergono a volte polverosi sette pollici di dub reggae. mitici nella loro stoicità. Oppure luneggia un "white label" di ragga-jungle talmente irsuto che si dubita della veridicità di una siffatta Giamaica digitale.

Con i Pressure Drop si entra a pieno diritto nell'aura del mito. del racconto epico del breakbeat. del "queste cose non avvennero mai. ma sono sempre" come scrisse Sallustio. Non c'è suono. voce. beat o melodia nata e svezzata a Londra che non trovi amoroso porto nelle RECORD BOX dei Pressure Drop. Il termine underground con loro acquista di nuovo la purezza originaria e il NIGHTCLUBBING si trasforma in un viaggio all'interno di un'autentica cultura. quella della Londra notturna.

I loro tre album sono dei DESIDERATA per ogni BEATHEADZ che si rispetti. Da avere assolutamente. come almeno una volta nella vita. bisogna assistere. partecipare e vivere un loro dj set.

PRESSURE DROP

If terms like ELECTRONIC COMMUNITY or the London Beats Scene have any meaning at all. well Pressure Drop have been in that community from DAY ONE. They are the old respected ones.
Their skill of "selectah" has become legendary.
From their record bags dusty seven inches of a stoic dub reggae sometimes emerge. Or a a white label of ragga-jungle peeps out from behind the desk and its sound is so hairy and hirsute that one may doubt the veracity of such a digital Jamaica.

With Pressure Drop we enter directly in the aura of the myth. of the epic and we have the impression that "these things never occurred but have always been..."! as Sallust wrote. There is no sound. voice. beat or melody born in London that does not find a loving port in Pressure Drop's record box. The term underground acquires with them its original pureness once again and nightclubbing is transformed into a voyage to the heart of an authentic culture. that being London's nightlife.

Their three albums are an absolute must for any respectable Beatheadz as well as it is fundamental to live the experience of taking part to one of their unforgettable DJ sets. at least once. in a lifetime.

[digital polaroid] *gabriele fantuzzi*

HOWIE B

www.howieb.com
www.pussyfoot.co.uk

Howie B è come un pupazzo voodoo, un posseduto dalla musica; è il mago titano del funk futuro, il puck del ritmo sghembo, ellittico. Un artista sotto la tenda del breakbeat, adoratore DELL'AUDIOMATERIA PETROSA, del suono tattile. Howie è il burattinaio della conoscenza micologica, tellurico dio di un beat astratto. Uno dei pochi maghi alchimisti in un mondo che ha ucciso tutti i suoi sapienti.

Vivere la sua musica è un'esperienza fisica e psichica, sostiene Paul Carminati:

"I violini, li senti i violini? gli archi...Paolo, gli archi..." e mima a occhi chiusi un ipotetico violinista che suona. Howie B è sul palco, dietro al mixer da DJ. L'altro piatto ha appena finito di sputare un funk sporchissimo e tiratissimo proveniente dal futuro remoto. La folla che, strabocchevole, lo segue rapita e ammaestrata, si blocca. Dopo una danza succhia-cervello tirata allo spasimo, il ritmo è cessato di colpo. Il tonfo fisico e psichico è enorme.

La pista da ballo si è schiantata a terra. "Cosa succederà ora?" si domandano in molti, "e dopo i violini?". Ma Howie B non è più sul palco, la sua mente vaga inafferrabile, all'inseguimento di chissà quale melodia sciolta nell'aria. "Ehi, dove stai rincorrendo il ritmo, Howie?" gli urliamo da manca. Con gli occhi sbarrati, è in una specie di trance... li riapre, sono liquidi adesso, amniotici. Ha lo stesso sguardo di noi ragazzi selvaggi. Sul palco ci muoviamo tutti come pazzi, come ragazzi pazzi mentre il suo corpo inizia a sentire un ritmo che ancora non esiste. Ora, dopo i violini, entrano i charleston, ora il rullante, il groove lento ma secco inizia a funzionare, il suo corpo inizia a scuotersi, sempre più febbrilmente. "Ehi, Howie è jazz!"
Ed è proprio un ritmo jazz quello che viene su dal vinile nero che gira pigramente a pochi centimetri dal suo corpo. La folla pochi metri sotto ondeggia, i corpi là sotto ritornano a muoversi, le bocche prima còlte dallo stupore ora si richiudono, gli sguardi ripiombano a terra e la magia ritorna, fino alla fine della serata.....(da "Last days of breakbeat" di Paul Carminati-Edizioni Future Dreams).

[photo]gianluca figliola fantini

[Recommended Albums] Howie B - Snatch Hal Willner - Whoops, I'm an Indian
Daddy Longlegs - Horse Palm Skin Productions - Künstruk

Howie B is like a VOODOO-DOLL, a being possessed by music, the titan magician of future Funk, the Puck of the twisting elliptical rhythm.
An artist under the Breakbeat shroud, Howie is the puppeteer of the mycological knowledge, the telluric god of abstract beats. He's one of the few alchemist magicians in a world which has killed all his wise-men.

Living his music is a physical and psychic experience, asserts Paul Carminati:

"The violins, can you hear the violins? The strings... Paolo, the strings..." and with his eyes closed mimes a violinist at work. Howie B is on stage, behind the deejay mixer. The other turntable has just finished spitting out some filthy and incredibly taut Funk from some remote future. The massive crowd, entranced by his brilliant instruction, follows him and then all is frozen. After a brain sucking spasmic dance session, the rhythm suddenly ceased. The physical and psychic thud is enormous. Dance floor has been smashed back on the ground. **"What's next?"** the people start asking, **"what comes after the violins?"**
Howie B is no longer on stage; his mind is roaming elusively in pursuit of a melody lost in the air. **"Hey Howie where are you taking the rhythm now?"** they scream to him at the top of their voices. Eyes barred shut, in some trance like state... he re-opens them, and has the same look as a wild boy. We're all moving on the stage like crazy people, like crazy kids, and then his body starts to hear the rhythm. Now finally, after the violins, the charlestons are coming in, then the roller, the groove, and his body starts shaking more and more feverishly. **"Hey Howie is Jazz!"** and it's exactly a Jazz rhythm that is coming through that black lazy spinning vinyl a few inches in front of him. The crowd a few feet below start swaying, the bodies down there start moving again. The mouths, which were previously wide open by stupor, are now closed. The leaded stares look to the ground and the magic returns, going on and on into the night... (From "Last Days of Breakbeat" by Paul Carminati - Future Dreams Editions).

... per un'estetica stracciona del breakbeat....
(volantino anonimo trovato in Hoxton Square, Londra, 1997).

La festa inizia quando Matt Cantor si arroventa sui due piatti. Inizia allora l'epifania del breakbeat e la torrida cascata di suoni di ogni dove e di ogni epoca subisce un trattamento stordente. Cinici breaks si aprono la strada tra rovine di ska, disco, punk e funk. La frammentazione delle forme è totale e il mescolamento dei linguaggi risulta eroico. Con loro, mai l'house ha suonato così sporca e lo ska-ragga elettronico mai è stato così veemente e adrenalinico. Gli alfieri del suono stradaiolo sono i Freestylers, allegri gaudenti e neo goderecci barbari della fantascienza sediziosa Londinese.

E se William Gibson afferma che il cyberpunk nasce quando la scienza incontra la strada allora Matt Cantor e i debosciati della Freskanova sono i CYBERALFIERI DEL BREAKBEAT. Intrappolano le mosse dell'hip hop più fracassone in un contesto delirante dove ogni altro suono dance del passato viene attirato e poi finito a colpi di machete.

L' agitazione perenne dei Freestylers ci fa ammirare il loro ANARCHISMO POLIRITMICO, lascito estetico della poetica proletaria londinese. Matt Cantor e i suoi sono i facinorosi PASDARAN DEL SOCIALISMO DA CLUB e finchè esisteranno il breakbeat non dormirà sonni tranquilli.

MATT CANTOR *FREESTYLERS*

www.freestylers.net

For the ragamuffin aesthetic of Breakbeat...
(anonymous flyer found in Hoxton Square, London 1997).

The party starts when Matt Cantor starts baking the turntables. This is the beginning of the epiphany of Breakbeat where sounds from every place and every age undergo a bewildering and stunning treatment. Cynical breaks open up the road between the ruins of Ska, Disco, Punk and Funk. The fragmentation of the form is total and the mix of languages becomes heroic. House has never sounded so dirty and Electronic Ska-Ragga has never been this vehement and full of adrenaline as with them. The pioneers of this street-like sounds are the Freestylers, hedonists of a Londoner seditious science fiction

And if William Gibson affirms that Cyberpunk is born when "science meets the street" then Matt Cantor and the Freskanova debauchees are the CYBERPIONEERS of Breakbeat. They entrap Hip Hop clumsiest moves into a delirious context where every other past dance sound is enticed and finished off.

Freestyler's perpetual agitation leads us to admire their POLYRHYTHMIC ANARCHISM, an esthetic legacy of London proletarian poetic. Matt Cantor and his group are the PASDARAN REBELS of club socialism and as long as they exist Breakbeat won't sleep

[Recommended Albums] *Freestylers - We Rock Hard*
Freestylers - FSUK Vol.1

[photo] stefano camellini

PROPELLERHEADS

www.astralwerks.com/lrd
http://www.dreamworksrec.com/propellerhe

L'aspetto carnevalesco e buffonesco tipico della clownerie del breakbeat sita nel loculo della WALL OF SOUND ha colpito il mondo della dance negli ultimi cinque anni. Il loro edonismo alla rovescia, il disincantato cinismo, il voyerismo vitale e disperatissimo ha lasciato il segno, se non come suono, perlomeno come stile di vita. Ma il carnevale, anche mentale, di questi debosciati urbani ha generato alcuni tra i personaggi più originali di questi '90s.

In primis i Propellerheads, una sorta di crudele rivisitazione dei '60s riletti attraverso gli occhi di un John Barry nerboruto, che vive in una Londra del 1967 dove sono approdati PC e il funky. Da questo tempo rovesciato ne tornano con tracce di SPYBEAT, colonne sonore cariche di un hyperfunk colorato e spumeggiante, ingigantito e ingrassato a dismisura dall'elettronica. Loro, i Propellerheads, sembrano divertirsi molto e noi con loro.

Sorte ludica analoga sembra essere toccata a Jacques Lu Cont alias di LES RYTHMES DIGITALES, che però punta il suo sguardo sugli '80s. O almeno quegli '80s che sono iniziati nel '79 e finiti nell'84.
I più torbidi naturalmente, quelli dell'esplosione elettronica post-punk e quindi la lo-tech di Kraftwerk, John Foxx, Gary Numan, Human League e New Order, tra gli altri.

Deliri romantici, sospesi tra disperato esistenzialismo e cupo splendore della "Nuova Società De-ideologizzata delle Tecnologie Di Cui Ti Puoi Fidare".
E' l'inizio della Techno Culture, uscita dall'infanzia dei '60s e dal luccichio dei '70s. Les Rythmes Digitales parte da lì, e lo fa talmente bene che vien voglia di esserci stato, di aver vissuto quegli '80s così patinati, trasparenti e plastici, che investono come le macchinine di "Toys", magico giocattolo filmico di Levinson.
E dopo esserne stati travolti, ancora a terra con la polvere della strada addosso pensare:
"Bellissimo. Meno male che era solo un gioco!!"

Will White [photo] stefano camellini

LES RYTHMES DIGITALES

The carnival like jesting aspect typical of the clownery of the Breakbeat situated in the WALL OF SOUND headquarter has hit the dance world in the last five years. Their upside down hedonism, disenchanted cynicism and vitally desperate voyeurism, has marked - if not a sound - at least a lifestyle. But the mental carnival of these urban dwellers have generated some of the most original music and characters of the 90's.

At the top of the list are the PROPELLERHEADS, a sort of cruel revisit of the 60's, read quickly through the glasses of a certain John Barry, living in London in 1967 where PCs and Funky have landed. From this upside down time, they return with sprinkled soundtracks loaded with coloured and sparkling hyperfunk They - the Propellerheads- seem to be enjoying themselves, as well as we do.

A similar twist of fate seems to have struck Jacques Lu Cont aka Les Rhytmes Digitales, but he points his eyes to the 80's, those 80's which started in the 1979 and finished in 1984. The most turbid ones, those of the electronic post-Punk explosion that is to say the Lo-tech of Kraftwerk, John Foxx, Gary Numan, Human League and New Order among others.

This music represents a romantic delirium suspended between desperate existentialism and obscure splendour of the de-ideologized New Society of You Can Trust Technologies. It is the beginning of the Techno Culture, out of its 60's infancy and glittering 70's.

LES RYTHMES DIGITALES takes off from there and do it so well that you desire to have been there to have lived those coated postcards of the 80's. An impression so transparent and plastic like, that it runs you over like those little cars in Levinson's "Toys".

[Recommended Albums]

Propellerheads - Decksanddrumsandrockandroll
Les Rythmes Digitales - Darkdancer

Jacques Lu Cont [photo]stefano camellini

JAMES LAVELLE | MO' WAX

www.mowax.com

La prima cosa che colpisce di questo ragazzo è l'aria severamente intelligente che emana il suo sguardo, la velocità con cui rotea gli occhi, la curiosità con cui controlla ciò che lo circonda. Musicalmente è stato il primo ad aver aperto la porta ai suoni contemporanei, rimettendo le lancette dell'orologio al passo coi tempi. Lui, così giovane, 18 anni all'epoca della creazione dell'etichetta Mo' Wax, capì l'importanza di alcuni suoni e atteggiamenti che erano nell'aria e che nessuno aveva colto. DJ Shadow dagli Stati Uniti e DJ Krush dal Giappone, devono a lui la necessaria sottolineatura della loro grandezza.

Lavelle è come quei CURATOR di gallerie d'avanguardia che nelle mostre mettono insieme le opere d'arte legate da strategie e punti di vista propri, ma che grazie al loro intervento assumono nuovi significati agli occhi di tutti, mettendo in luce un percorso artistico sfuggito ai più. Allo stesso modo Lavelle è stato il primo CURATOR DEL BREAKBEAT. Ascoltato nel lontano '96 come SELECTAH alla mitica serata "That's How it is" al Bar Rhumba la sua MISTURADA ipnotica di beats astratti e funk straniante fece assai impressione, anche per certa ruvidità intellettuale.

Viceversa in tempi più recenti, come già dimostra il progetto UNKLE, Lavelle si è segnalato per un atteggiamento all'insegna del JUST FOR FUN, scegliendo - per un recente dj set - anche dischi di New Order e Clash!

[Recommended Albums]

VVAA Mo' Wax - Headz vol. 1 & 2
UNKLE - Psyence fiction

The first thing that strikes of this young man is the severe intelligent air that his glance gives off. the velocity with which his eyes whirl. and the curiosity with which he controls everything around him. Musically speaking he has been the first to open the door to the contemporary sounds. putting the clock hands back in sync with the rhythm of the times. Eighteen years old. at the creation of his Mo'Wax label. he realized -despite his young age- the importance of those sounds and attitudes that nobody else had taken notice of: DJ Shadow from the United States and DJ Krush from Japan owe him the necessary stressing of their genius.

Lavelle is like one of those AVANT-GARDE GALLERY CURATORS who exhibit works of art tied together by their own strategies. but thanks to that interference they gain new meaning to everyone's eyes. Lavelle in the same way. was the first "curator of Breakbeat".

First heard in the far off 1996 as Selectah at Bar Rhumba's mythical "That's How It Is" night. his hypnothic "mix" of abstract beats and alienated Funk made an amazing impression; especially for a certain intellectual roughness. On the contrary in more recent times. as already demonstrated with the UNKLE project. Lavelle has distinguished himself at the sign of "just for fun". playing New Order and Clash records at a recent deejay set.

[photo]gianluca figliola fantini

DJ KRUSH & DJ SHADOW

Se e' vero che il genoma del suono è il BEAT cioè la battuta, imbrigliata nei software che girano sui PC, allora possiamo affermare che i due dj. Krush e Shadow, all'epoca accasati presso l'etichetta di James Lavelle, la Mo' Wax, portano alle estreme conseguenze l'arte del breakbeat, aggiornando di fatto l'epocale lezione artistica di storici dj dei 70s come Kool Herc, Afrika Bambaataa e Grandmaster Flash.

Krush e Shadow sono gli avanguardisti globali dell'hip hop. I due artisti, sottraggono l'anima al breakbeat e lo catapultano nella pura astrazione. Dai FUNKY BEATS agli ABSTRACT BEATS l'hip hop de-funkizzato assume nuovo senso.

Nel glacialismo delle forme, Krush immerge i suoi beats nel jazz di Davis e Coltrane, mentre Shadow veicola i suoi beats a una cultura della citazione tipica del bricoleur post-moderno.

La cultura del breakbeat, grazie ad artisti come loro può uscire dai ghetti afro-americani e diventare cittadina del mondo.
Il TURNTABLISM, il virtuosismo tecnico del dj sui due piatti, viene elevato allo stato di arte.

Krush e Shadow sono il lascito migliore che la cultura hip hop ha dato artisticamente alla scienza del breakbeat.

|photo|gianluca figliola fantini

[Recommended Albums]

Dj Krush - Strictly Turntablized
Dj Shadow - Endtroducing

http://user.cs.tu-berlin.de/~seher/DJKrush/
www.endtroducing.com

If it's true that the genome of sound is the beat,
bridled in the PC's software we can affirm that
the two deejays. Krush and Shadow, from the
times of James Lavelle's Mo' Wax label, took the
art of Breakbeat to extreme results, updating
the epic artistic lessons given by historic 1970's
deejays like Kool Herc, Afrika Bambaataa and
Grandmaster Flash.

Krush and Shadow are THE GLOBAL
VANGUARDISTS OF HIP HOP. These two artist
remove Breakbeat soul and catapult it into pure
abstraction. From funky to abstract beats
de-Funkanized Hip Hop takes one new meaning.
Krush melts the icy forms of his beats through
Davis and Coltrane jazz, while Shadow vehiculates
his art to quotations of a post modern bricoleur.

Breakbeat culture, thanks to them, can come out
of the ghettos and become a world citizen.
The TURNTABLISM, the technical virtuousness of
the deejay spinning on two turntables, has been
elevated to a state of art.

Krush and Shadow are the best legacy that the
Hip Hop culture has artistically given to the
science of Breakbeat.

DJ KRUSH

Eraldo Bernocchi e Toshinoro Kondo (Charged)

Nei '90s sono state assai poche le opportunità di farci ascoltare al di là delle Alpi. Anzi l'Italia è stata congelata, da quella risibile stagione LOUNGE appena conclusasi assai mestamente, nell'oleografia delle colonne sonore dei B movies anni Settanta. C'è, in questa visione dell'Italietta in versione STAR TRASH, un che di triste e doloroso. La sensazione che ci assale è quella di un VISSUTO ridotto a macchietta, di un GLAMOUR per sprovveduti e superficiali turisti giapponesi, ma assolutamente falsa ed irreale per i nostri sensi.

Non rimane che sottolineare i pochi artisti che si sono elevati, nella completa indifferenza patria, a livelli internazionali.
Primo su tutti **Bochum Welt**, giovane lombardo alla corte di Aphex Twin, abile techno freak, a tratti assolutamente geniale. Un'altra figura di spicco è il manipolatore/produttore **Eraldo Bernocchi**, il solo coraggioso ad avventurarsi in collaborazioni in odore di eresia con Mick Harris, Toshinoro Kondo e Bill Laswell.
Anzi proprio con il progetto live di Charged, coadiuvato da Laswell, Dj Disk

e Kondo, Bernocchi ci ha offerto una bellissima MATASSA, molto futuribile e visionaria, di jazz-dub contaminato, corposo e denso. Uno sguardo shockante sul futuro!

Delle ultimissime leve, vanno sicuramente menzionati dj come **Lele Sacchi**, il più spirituale della nu-house italiana, i junglist del **Maffia Sound System**, l'etichetta **Archive** del dj Volcov, il tango'n'bass di **Painè**, i nuovi disco-funkisti genovesi, i **Tutto Matto**. Tra i gruppi, a parte gli enormi **Alma Megretta**, solo i **Settore 9** hanno lasciato tracce, con il loro stellare ambient dub sospeso tra Sun Ra e Orb.

Da lontano, sornione, sorveglia divertito il solo dj italiano da culto, ammirato e rispettato, sia dalla frangia più movimentista della dance sia dal mainstream house: **Claudio Coccoluto**, unico ad aver avuto l'onore di comparire nella prestigiosa collana MIX Series della rivista inglese Mixmag ed autore di una raffinata house dal sapore latino.

In the 90's there were very few opportunities to let ourselves be heard on the other side of the Alps. In fact Italy was frozen by that recently but sadly concluded laughable "lounge" season, through a sort of oleographics of the 1970's B-movie soundtracks. In this vision of a "star trash" version of "Italietta" lies a sad and painful fact. The sensation that comes over us is that of a lived experience of a false and unreal glamour reduced to a grotesque farce.

Nothing remains but to underline the fact that the few Italian artists that have been elevated to international levels of success are all but ignored by their indifferent homeland.

First **Bochum Welt**, a young man from Lombardia to the Apex Twin court, a capable Techno freak, with traits of genius. Another slice of the pie is the manipulator/producer **Eraldo Bernocchi**, the only one with enough courage to venture into collaborations such as the one with Mick Harris, Toshinoro Kondo and Bill Laswell offering us a visionary "muddle" of contaminated dense Jazz-dub. A shocking look on the future!

Also, deejays like **Lele Sacchi**, the most spiritual of Italian Nu-House, the **Maffia Sound System** Junglists, **Valcov's Archive** label, Painè's Tango'n'Bass, and **Tutto Matto** - the new Disco-Funkists hailing from Genoa - deserve recognition and appreciation.

Among the live bands, only **Settore 9** a part from the great **Almamegretta**, have left their mark with their stellar ambient dub suspended somewhere between Sun Ra and Orb.

From a way off distant place is the much respected and admired Claudio Coccoluto, the creator of a Latin flavoured refined House, and the only Italian cult deejay who has had the honour of appearing on the English magazine Mixmag's prestigious Mix Series.

[Recommended Albums]

Bochum Welt – Module 2
Settore 9 - Interconnect
Lele Sacchi - The Next tribes of House Music
Tutto Matto - Funkulo
Claudio Coccoluto - CD Mix - Mixmag Series
Alma Megretta - Sanacore
Ashes (Raiss/Bernocchi/Laswell) - Corpus

Maffia Sound System

Dave Tipper

TIPPER | ILS

FUEL RECORDS

Tipper, tra gli ultimissimi mutanti apparsi sulla scena musicale, è colui che ha vinto il nostro cuore. Tipper è il genio assiepato tra I COWBOYS D'INTERFACCIA DELLA NEW SCHOOL BREAKS. I temibili AUDIOTERMINATOR riuniti sotto il protettorato elettronico dell'etichetta londinese Fuel distruggono nella loro musica la mappa del già sentito, del beat frigido e decrepito.

Già produttore jungle alla tenera età di 15 anni, Tipper rappresenta una mutazione avvenuta nella generazione post-drum and bass. La lunga esposizione alla poesia urbana della jungle ha prodotto in Tipper e i suoi giovani drughi una divina irriverenza nei confronti della dance contemporanea, producendo affreschi sonori in cui l'elettronica deflagra su velluti di archi e sub bassi dirompenti. Mai il futuro è sembrato tanto ombroso come nel debutto tipperiano di "Critical Path", l'esordio più ballardiano e neuromantico dell'elettronica europea, miracoloso esempio di poesia urbana attraversata da una fulgida inquietudine. Finalmente il CUPO LUCCICHIO emanato dalle FANTASCIENZE BLADERUNNERIANE ha trovato degna traduzione in una colonna sonora.

Identico il percorso di Ils, altro grandioso architetto della musica futura che nel suo esordio "Idiots behind the wheels", uscito sempre dall'utopica officina Fuel, catalizza beats fratturati e complessità geometriche su scheletri funkjazz, mentre nel suono domina una grandiosa eleganza tribale.

Tra TECHNOGEIST ed empatia tecnologica, voodoo autostradali e dimensioni fratte del breakbeat, Tipper e Ils disegnano alcuni dei più potenti e credibili affreschi musicali futuri.

[Recommended Albums]
Tipper - The Critical path
Ils - Idiots behind the wheels
VVAA Fuel - Eight tracks

Among the latest mutants recently appeared on the music scene. Tipper is the one who won our heart. He is the hedged genius among the INTERFACING COWBOYS OF THE NU-SCHOOL BREAKS. Tipper and the dreadful audioterminators united under the electronic protectorate of London label Fuel, destroy the map of the frigid and decrepit beat with their music.

Already a Jungle producer at the tender age of 15, Tipper represents a mutation occurred in the post-Drum'n'Bass generation.

The long exposure to the urban poetry of Jungle has produced in Tipper and in his young mates a divine irreverence to contemporary Dance music, producing sonorous frescos in which the Electronic sound deflagrates on velvet strings and bursting sub-bass.

Future has never seemed so shady as in Tipper's debut "Critical Path" the most ballardian and neuromantic one of the Electronic Europe, a miraculous example of urban poetry pervaded by a radiant restlessness.

Ils's run is identical, another great architect of the future music whose debut "Idiots behind the Wheels" - another utopian Fuel workshop release - catalyses the fractured beats and the complex geometry on Funk Jazz skeletons, while the sound is dominated by a great tribal elegance.

Between technogeist and technological empathy, highway voodoo, and fractional dimensions of Breakbeat, Tipper and Ils design some of the most powerful and credible future musical frescos.

www.tipper.co.uk

[photo] stefano camellini

NOTE / NOTES

(1) Per l'afrofuturismo nella musica: Kodwo Eshun,
"More Brilliant than the Sun" Quartert Books, UK 1998

(2) Mark Fisher: articolo "Black Noise" da Internet
(www.code.demon.co.uk/blacknoise.html)

(3) Dal testo del poeta Saul Williams in "Coded Language"

(4) Ovidio, "Le Metamorfosi", libro secondo

(5) Rammelzee, "Furore Atomico Futurista" dipinto

(6) Paolo Fabbri "Elogio Di Babele" Meltemi, Italia 2000

(7) Paolo Zellini "Gnomon - Un indagine sul numero"
Adelphi, Italia 1999

(8) Allen Ginsberg versi citati da "Beat & Be Bop" di
Emanuele Bevilacqua Einaudi, Italia 1999

(9) Intervista a David Toop, Cross nr 1, Italia 1999

BIBLIOGRAFIA CONSIGLIATA /
BIBLIOGRAPHY SUGGESTED

S. Reynolds "Energy Flas", Picador, UK 1998

B. Osborne "The A-Z of Clubculture",
Hodder & Staughton, UK 1999

S. Champion "Disco Buiscuits",
Hodder & Staughton, UK 1999

K. Eshun "More Brilliant Than The Sun",
Quartet Books, UK 1998

U. Poschardt "DJ Culture",
Quartet Books, UK 1998

E. Davis "Techgnosis", Serpent's Tail

M. Dery "Velocità di Fuga" Feltrinelli, Italia 1998

S. Garratt "Adventures in Woonderland" Headline, UK 1998

C. Larkin "The Virgin Enciclopedia of Dance Music"
Virgin

J. Storey Cultural "Theory and Popular Culture - A reader
Prentice Hall" - UK - Second Edition 1998

D. Toop "Rap Storia di una Musica Nera" EDT Italia 1992

D. Toop "Oceano di Suoni", Costa Nolan, Italia 1999

G. Rule "Electro Shock Miller" Freeman Books, USA 1999

Panta Musica a cura di Enrico Ghezzi numero 14,
Italia 1996

A. Ludovico "Suoni Futuri Digitali" Apogeo Italia, 2000

D. Sicko "Techno Rebels Billboard Books", USA 1999

M. Davis "Città di Quarzo" Il Manifesto, Italia 1999

S. Thornton "Dai Club ai Rave" Feltrinelli, Italia 1998

Ministry of Sound "The Manual" Headline, UK 1998

M. Collin "Altered State. The Story of Ecstasy"
Serpent's Tail, UK 1997

Cynthia Rose, "Design after dark: a history of dancefloor
style", Thames and Hudson, UK 1991

[photo]dario lasagni

Pretty Fly(er) For A Cheap Mac...
(club-design e nuovo businEss giovanile)

[testo] *carlo antonelli e fabio de luca*

Ci hanno accompagnato fino a non poterne più.
Si sono accartocciati in fondo alle tasche, spiegazzati in mezzo a libri dove le linee gialle dell'evidenziatore attraversavano le pagine come la "Circle Line". Sono diventati filtrini e "organizers" per numeri telefonici annotati al volo. Raramente li abbiamo usati per la loro funzione primaria: ricordarci che il tal dj suonava il tal giorno nel tal posto. Per contro li abbiamo spesso maniacalmente accumulati (in genere al ritorno da un soggiorno a Londra) in grappoli di venti-trenta nella speranza, un giorno, di ordinarli per bene dentro qualche quadernone dalla copertina rigida (tipo la Smemoranda o il diario Linus degli anni del liceo: solo meglio). I maledetti FOGLIETTINI: che un paio di cose ce l'hanno insegnate, e soprattutto un paio di dritte (su dove stava andando il mondo attorno a noi) ce le hanno date.
Ad esempio: che tutti i microstili prodotti dalla club-culture degli ultimi 15 anni - dopo essere divenuti il segno dominante dentro lo sportwear e la moda in genere (basta aprire un numero a caso di THE FACE) - stavano diventando nientemeno che l'estetica assoluta della Rete.
La storia dei flyers è la storia di un mondo nel quale l'economia è un panorama unico, in cui la cultura e i linguaggi sono il motore principale del processo economico e nel quale gli stili di vita sono diventati la più efficace rappresentazione della merce (Jeremy Rifkin, L'ETÀ DELL'ACCESSO, Mondadori).
Il minimo comune denominatore è ancora una volta uno solo: il PC. Tutti giocano in borsa on-line, tutti manovrano loops con "Recycle" o "Acid" o "Cubase", tutti giocano con "Photoshop". è più che un fenomeno diffuso: è un collante demografico. E, per molti, l'occasione di tutta una vita: il passaggio dalla cameretta alla villa con piscina e barca sta diventando un nuovo classico. Chiamatela new-economy, o E-conomy tout-court se preferite. Una volta eri una star se eri un cantante o uno sportivo: negli ultimi quindici anni bastava essere un programmatore di software, un produttore di techno-breakbeat o un regista di videoclip. Oltre che, ovviamente, un graphic-designer (vd. David Carson). Lo si è visto chiaramente all'ultimo festival di comunicazione digitale all'ICA di Londra, ONE-DOT-ZERO.
L'Inghilterra da questo punto di vista è ancora un laboratorio pazzesco di attitudini. Si pensi all'arte contemporanea: la moda "bad painting" (quella di Martin Maloney e dei cosiddetti neurotici della collezione Saatchi) viene prima o dopo l'estetica bad dei flyers degli ultimi due o tre anni? La nuova onda di punk-chic chi l'ha inventata prima?

E' chiaro che uno tira l'altro. E in una Londra che punta tutto sulla sua percezione come capitale dell'arte mondiale - con la Tate Modern Gagosian Gallery appena aperta e soprattutto la nuova "White Cube" nella zona cool di Hoxton Square - non sorprende vedere l'edificio del designer-team supertrendy Digit aprire di fianco alla stessa White Cube.

Non sarà un caso che Cynthia Rose, dopo il celebre tomo sull'arte dei flyers, abbia pubblicato un libro sul nuovo business giovanile degli anni Novanta ("Trade Secrets. Young British Talents Talk Business". Thames&Hudson) con scritti su James Lavelle e la Mo'Wax, sui dj, sul filmaker Isaac Julien, tutti visti come NUOVO BUSINESS, come centro della nuova economia. E sullo sfondo, ancora una volta, plotoncini di ex-sfigati che dopo aver portato magliette delle più oscure band di NU-ELECTRONICA, dopo aver ravanato tra i dischi di nanoscopici record-shops di Soho, dopo aver portato sulla spalla spiovente record-bags con i logo delle case discografiche più cool del pianeta (l'equivalente club-graphics dello zainetto Invicta o Eastpack), si trovano oggi loro malgrado a condurre una rivoluzione.

La grafica da club vince perchè rappresenta lo ZEITGEIST come poche altre cose al mondo: perchè si tratta di un'attività accessibile praticamente a tutti (e sempre più diffusa, vedi il bric-a-brac iconico ed EMOTICONS dei messaggini SMS). Perchè allude ad un'attività di creazione ricombinatoria assolutamente biogenetica (segni grafici come memi, come geni da ricomporre) che richiama quindi un immaginario scientifico assolutamente aggiornato (font come particelle, come stringhe da ricombinare...). Perchè presenta i tre caratteri distintivi della contemporaneità, ovvero diacronia (segni del passato e del futuro insieme), simultaneità ed ibridazione, rientrando a pieno diritto in quel campo che qualcuno ha provato a definire del "design transitivo" (TRANSIENT DESIGN). Perchè è multifunzionale e predisposta alla migrazione (dai dischi alle magliette alle borse dei dischi ai siti Internet). Infine perchè dà una rappresentazione veloce e puntuale del clamoroso passaggio estetico in corso. Non sono in molti i segni che lo rappresentano.

Quasi tutta l'estetica da club degli ultimi dieci anni inserisce i segni grafici dentro grandi campiture di colore puro, in laghi di colore, di puro Pantone. Non è più un'immagine tipografica ma pixellata, digitale. Una strana astrattezza, un curioso vuoto dove galleggiano segni campionati dall'era moderna o puramente contemporanei.

Come vetrini di laboratorio, come geni radiosi, anche un po' inquietanti. Sembra astratta, mentale: ma è di questa grana che è fatta la consistenza della nuova economia.

Carlo Antonelli lavora da oltre dieci anni nel cuore della discografia italiana, oltre ad occuparsi di "scenari del cambiamento" per riviste d'arte italiane e straniere. Fabio De Luca scrive di musica e culture giovanili per diverse testate, ed ha condotto svariati programmi per RadioRai (attualmente Weekendance, il dance-show del sabato sera). Insieme hanno realizzato i libri Discoinferno (Theoria, 1995) e Fuori Tutti (Einaudi, 1996).

[illustration] cristiana valentini@delicatessen

[illustration] cristiana valentini @delicatessen

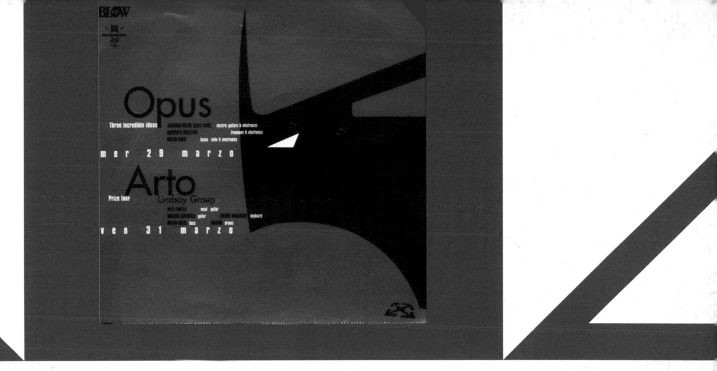

Opus
Three incredible ideas
mer 29 marzo

Arto
Lindsay Group
Prize tour
ven 31 marzo

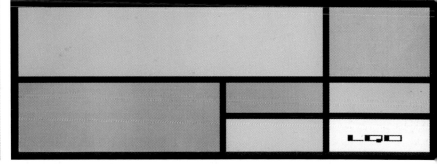

LINK
LIQUID
X-HOP
italy

X-HOP 2000 festival
>il manifesto della dj culture
>sui futuri scenari della musica,
>a supporto dei sentimenti da rave

venerdì 10 marzo . torino

MAFFIA
Italy

designer: gabriele fantuzzi @ delicatessen

institute of dubbology presenta:

coded language tour

krust
+ dj suv

maffia sabato 27 novembre 1999

SABATO 13 NOVEMBRE 99

NITIN SAWHNEY

LIVE SET › ASIAN VIBES.UK › INGRESSO L.15.000

ILLECIT MUSIC **maffia** CLUB

CIRCOLO ARCI MAFFIA
VIALE RAMAZZINI 33 . REGGIO E. › TEL. 0522.922280 .
FAX 920235 › WWW.MAFFIA.IT › E-MAIL: MAFFIA@TIN.IT

IoD

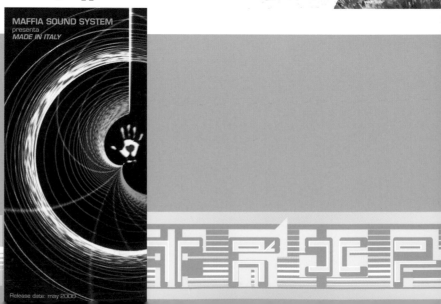

MAFFIA SOUND SYSTEM
presenta
MADE IN ITALY

Release date: may 2000

fragments

maffia
illecit music club
viale ramazzini, 33
reggio emilia ~ italy
phone~fax ++39 522 92.22.80
phone 0368 322.96.04

institute of dubbology
booking artisti e d.j.'s italiani e esterl
jungle ~ trip-hop
chemical beatz ~ breakbeat

i.d. gabriele fartuzzi

maffia illecit music club

jungle + trip hop + techno + hip hop
con i migliori d.j. dei clubs inglesi
INGRESSO GRATUITO

jungle + trip hop + techno + hip-hop
con i migliori d.j. dei clubs inglesi
INGRESSO GRATUITO

UU.AA.

France

designers: unknown

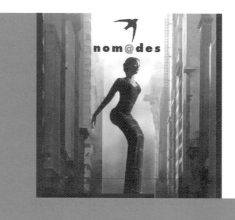

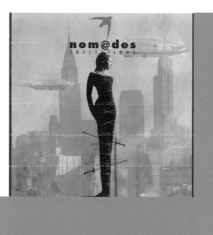

P@RTY H@RD 1999 - 2000

P CHEMICAL BROTHERS, PLACEBO, BLUR, PULP, BEASTIE BOYS, ORGY, LION ROCK, SMITHS, GUSGUS, FONTAINS OF WAYNE, FLAMING LIPS, UNDERWORLD, RADIOHEAD, AIR, CARDIGANS, DEPECHE MODE, GARBAGE, SUPERGRASS, PAVEMENT, DEATH IN VEGAS, PJ HARVEY, CURE, FAT BOY SLIM, OASIS, NEW ORDER, SMASHING PUMPKINS, SUEDE, FREESTYLERS, MUSE, OOBERMAN, STONE ROSES, LAMB, LO FIDELITY..., BJORK, DIVINE COMEDY, SFA, CORNERSHOP, MADNESS, HOLE, BREAKBEAT ERA, BELLE & SEBASTIAN, BEATLES, ELASTICA, RYTHMES DIGITALES, STEREOPHONICS, BECK, LEFTFIELD, CHARLATANS, MANICS, PIXIES, BIS, PROPELLERHEADS, UNKLE, MOBY, DANDY WARHOLS, ORBITAL, CUBA, VAST, JON SPENCER..., ASH, SONIC YOUTH, LAMB, GAY DAD, ROBBIE WILLIAMS, NIN, GOLDIE, SHED 7, CAKE, STROKE, DEUS, MAINSTREAM, INDIAN ROPE MAN, PRODIGY, PRIMAL SCREAM, WANNADIES, MANSUN, ARTURO, CUT LA ROC, JOY DIVISION... H

MISSIVE01 NIGHT

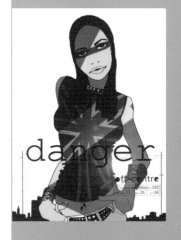

danger
off-centre

Vendredi 31 Mars - O.P.A Bastille

ZOUK CLUB
Singapore

designers: unknown

DJ Derrick Carter & DJ Chez Damier (Chicago)

CARL COX

COX

zouk cool cox

QUIET STORM Wednesday 11 June

Zouk presents direct from the UK

HIP HOP
WITH
DJ ANDREW CHOW
FREE ENTRY WITH THIS
FLYER BEFORE 11PM

renaissance
club tour

Friday 17.09.99
Zouk : GLOBALUNDERGROUND World tour Nick Warren, Aldrin
Phuture : Tony Tay (4 hour set)
Velvet Underground : Jeremy Boon (4 hour set)
zouk and phuture admission on 17 sep for non-members $19 (2 drinks) before 9pm (limited to 400 tickets), $25/$30* (2 drinks) after 9pm
* entrance tickets on sale at the door (ticketing booth from 8 pm)

Saturday 18.09.99
Zouk : Jonathan Yeo
Phuture : Sessions, starting at 10.00pm
Velvet Underground : Marvin Kam
zouk and phuture saturday admission for non-members. $12 (2 drinks) before 9pm, $20/$25 (2 drinks) after 9pm

Friday 03.09.99
Zouk : Stacey Pullen (Detroit), Aldrin
Phuture : Andrew Chow and Tony Tay
Velvet Underground : Jeremy Boon (4 hour set)
Percussion : Mariam
zouk and phuture admission on 3 sep for non-members. $15 (2 drinks) before 9pm, $20/$25 (2 drinks) after 9pm

Saturday 04.09.99
Zouk : Aldrin (4 hour set)
Phuture : Sirens - breaks & beats with Tony Tay, Andrew Chow and Reiki
Velvet Underground : Marvin Kam
Percussion : Mariam
zouk and phuture saturday admission for non-members. $12 (2 drinks) before 9pm, $20/$25 after 9pm

DJ ALFREDO ibiza
Thursday 30 April (eve of Labour Day) &
Friday 1 May
Saturday 2 May

JEFF MILLS

ZOUK PRESENTS DIRECT FROM BERLIN GERMANY

paul van dyk

VV.AA.
Austria

website: dextro.org

33·45 HOUSE 002

16.02.96
22.00

**force inc.
special night**

xs/kärntnerstrasse

club:
ian pooley
gene ferris
elin
kriz da rhythm

house bar:
michael cellz
tankred
tox

dan lodig slack hippy

pomelo
nacht

turbulence
24mai

23.00

16, lorenz mandl gasse 33

dan lodig slack hippy

pomelo
nacht

24mai
turbulence
23.00

16, lorenz mandl gasse 33

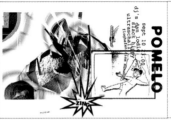

flyer

preis 20

POMELO

POMELO

(Di_
(gb)

09/02/93
B·A·C·H

zählen zu den interessantesten Vertretern des
neuen englischen jazz

b-shops

usa/d)
nderground

-trance att
-house-schligen

-flächen und
-effekten

Fr_

5/02/93)

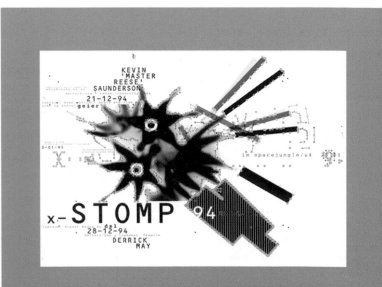

KEVIN
'MASTER
REESE'
SAUNDERSON

21-12-94
geier

3-01-95

im spacejungle/u4

x-STOMP '94

28-12-94
DERRICK
MAY

hall:
elin
laurent ho' <epiteth rec/paris>
live. mover <pcp/frankfurt>
speedfreak feat. wendy milan <shockwave rec>
kdr
zoff

video decorations by visual project team

33/45 hard '04

ganging trip entertainment

wish you were here part I

industrial electronic lounge:
j.hover
mushroom
gollini

02-02-96
flex

22:00

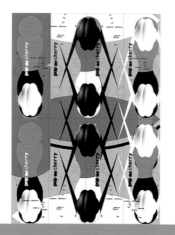

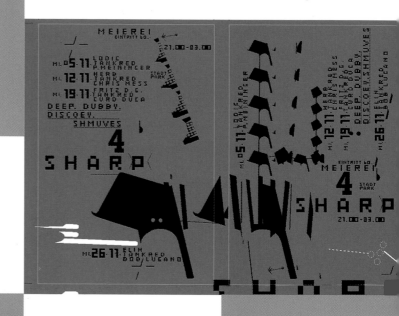

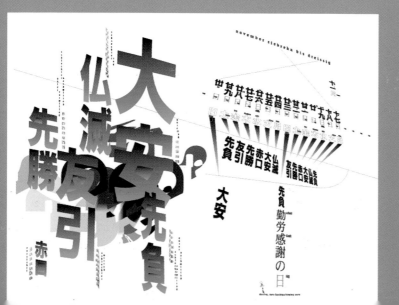

parnoida yunka presents

18.04.98

DJ
si begg
(brighton/uk)

lodig   DJ
(wien)
tankred DJ
(wien)

23.00
100.-

flex

SILVER SERVER
SILVER SERVER
WWW.SILVERSERVER.CO.AT

TANITH
DANIEL L.K.
24.04.93
ARENA 22.00

WASS
DAN LODIG
TIN
GERANA M

LIVE ACT
999%

STOMP!

Mike Dunn
(Warehouse-Chicago)
+Clemens

Tetris Lounge
Tankred
+Jeremiah
+M.Ray

STOMP!
FEMALE
30-03
mittwoch
23.00 U4
SPACEJUNGLE
MONIKA KRUSE KRUSE (MÜNCHEN)
ELLEN ALIEN N (BERLIN)
+GUESTS

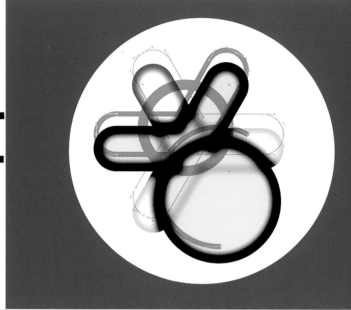

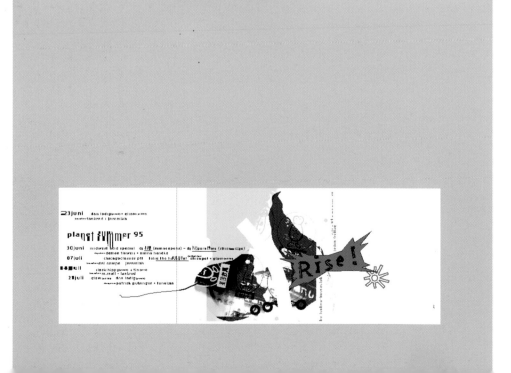

23juni   dan indigo... + elirah...
planet summer 95
30juni   midwest acid special   dj JJB (minneapolis) – dj hyperactive (chicago)
          ...demon flowers + sienna handke
07juli   chicago classics pt1   boris the hausu... chicago + glowworm...
          ...dai campa + jeremiah
14juli   slack hipp... + tinga...
          ...ro.mail + tenlund
21juli   glowworm   dan indigo...
          ...patrick putzinger + tunatian

Rise!

01 05 93
dj t.a.p.r.i.n. + dj dawn   base trance

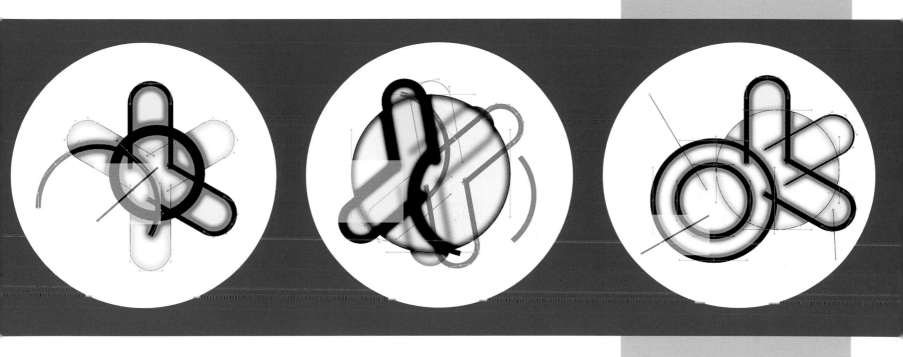

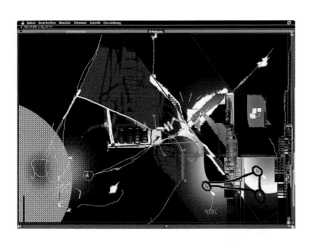

SENSOR@OXA
Zürich, switzerland

website: tarot.ch

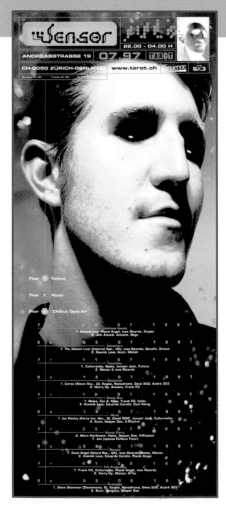

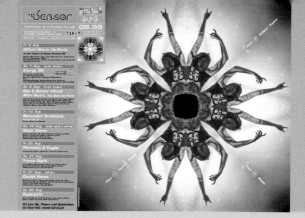

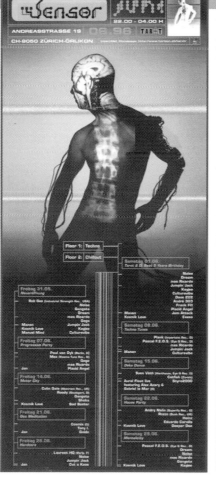

REX2000.02

REX

Paris, france

designers: unknown

PUSSYFOOT REVUE

JEUDI 2 MARS 2000
AU REX CLUB

daddylonglegs
vs
PALM SKIN
PRODUCTIONS

Rexpirez!#7
samedi 29 avril 2000

rexpirez!#5
samedi 19 fev 2000

Rexpirez!#6
samedi 25 mars 2000

into somethin'
proudly presents:
jazz - live aus London

ronny jordan
& band
hip jazz guitar

am **dienstag**, den **17.3.92**
um 23:00 im **babalu**

into somethin' special

dj **gilles**peterson* from London

talkin loud

Philip Morris Light American Minister for Music and Nightlife

am **Dienstag**, den **22.6.93** um **22 Uhr**
im **Parkcafé**, Sophienstr. 7

INTO SOMETHIN'...
Munchen, germany

designers: unknown

into somethin'
PRESENTS

REPRODUCEDPARTY
FREITAG 9 OKT 23 UHR MUFFATHALLE
JAMES LAVELLE
[U.N.K.L.E.]

INTO SOMETHIN' DJ TEAM
STOOPID [AM DAM DES ELEKTRONIK FUNKATEERS]

carhartt PS

into somethin'
6 years
BIRTHDAY PARTY

FREITAG
23. JAN. 1998

MUFFATHALLE
& CAFÉ
ZELLSTR. 4 · 22 UHR

KRUDER & DORFMEISTER
FAUNA FLASH LIVE
INTO SOMETHIN' DJ TEAM
RAINER TRÜBY · ROLAND APPEL
VideoAnimations by Gerhard Grabsdorf

carhartt the one and only eclectic freestyle clubnight since 1991

into somethin' SELECTED FREESTYLE SINCE 1991
JEDEN FREITAG AB 23 UHR IM MUFFATCAFÉ, ZELLSTR. 4
VISIT OUR WEBSITE AT HTTP://WWW.COMPOST-RECORDS.COM/INTOSOME/INDEX.HTM

FREITAG, 18. JUNI

phil asher
(RESTLESS SOUL) PEOPLE, ESTEREO, SOLETRONIC REC./LONDON

carhartt PS

VV.AA.

France

designers: unknown

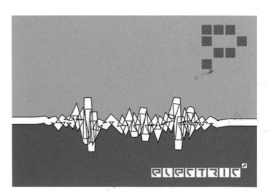

FUSE
Bruxelles, belgium

designer: ariyel benjamin

fuse news 31 - may 2000

fuse news 23 - september

fuse news 29 - march 2000

DELIRIUM
Perth, australia

designers: unknown

THE MINISTRY
Auckland, new zealand

designer: sophtecks

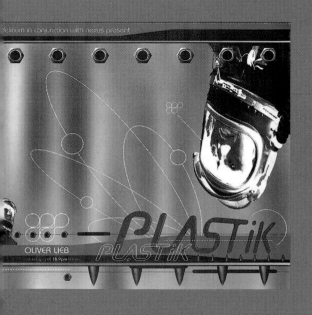

UU.AA

italy

designer: paolo tegoni

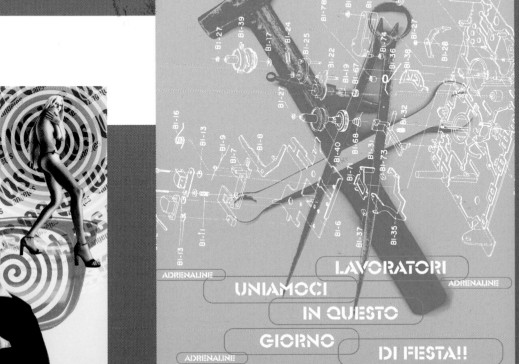

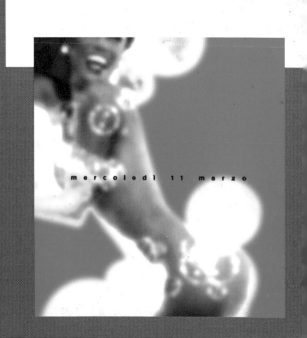

UU.AA

uk

renaissance

Saturday 27th February, 1999
Danny Rampling, Parks and Wilson, Anthony Pappa,
and resident Nigel Dawson
The Cross, Kings Cross Goods Yard, London
10.00pm–6.00am, £15.00

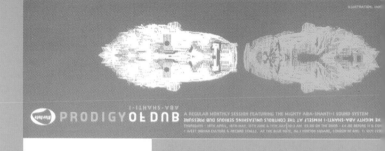

PRODIGY OF DNB

MOVEMENT
:MUSIC:
DRUM + BASS
HIP HOP + R'n'B
:LOCATION:
BAR RUMBA (THURSDAYS)
MASS (NOV 07)
:VIBE:
GOLDEN, BABY
KNOWLEDGE "Club of the Year 1998"

THE GANJA KRU PRESENTS
a night of true playa²
FRI 20TH NOV

MON 8TH OF MARCH '99 - SPECIAL GUEST DJ - DEGO [4 HERO]
AT BAR RUMBA 36 SHAFTESBURY AVENUE, LONDON W1. FOUR POUNDS 10.30PM - 3.30AM

131

berlin, germany

designer: wild site

UU.AA.
italy

designer: alessandro "jumbo" manfredini

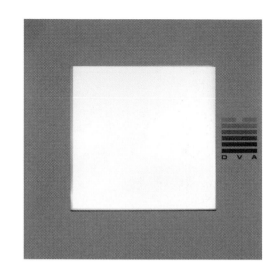

vitamina

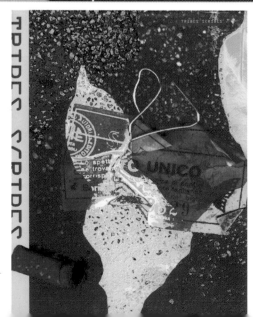

"tribes scribes"
jam books 1994

SPIRITELLO OPEROSO
SPIRITY CLUB '98

Graffio

AFRIKA BAMBAATAA

IN CONCERTO

Domenica 2 Giugno ore 21,30
Palasport di Modena - Viale Molza, 20
Special Guest: Graffio Discoteca

Organizzazione: Graffio Discoteca / Arci Kids
Service: Tema - Modena

Prevendite: Modena - Maki Dischi, Via Farini
Bologna - Disco d'Oro, Via Galliera
Reggio Emilia - Tosi Dischi - Via Emilia
Carpi Tosi Dischi, Pizza Martiri

L'ERBA DEL VICINO
NON È SEMPRE
LA PIÙ VERDE

SPIRITY

VENERDÌ '97

miss dynamite
venerdi 10 ottobre
laviamoci le mani

sub@FLEX
Vienna, austria

designer: januz

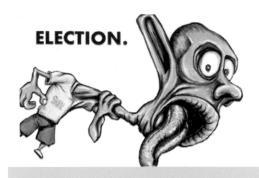

HARDMANIA
LUST, LOOP
Shibuya, tokio, japan

designer: midori hirano

LEMIRAGE
Italy

designer: castagnoli & associati

TIMING ZERO

Typography into the new millennium

japan

© *P-I-E books*

LINK
Italy

designers: loew

PARTISAN
Germany

designer: Styro 2000

MAGAZZINI GENERALI
Italy

designer: cecilia di gaddo

CABALLERO
Arci, Italy

designer: delicatessen

ULTRATOMATO
Maffia, Italy

designer: gabriele fantuzzi @ delicatessen

INTERVISTA
>DJ KRUSH
DI PAOLO DAVOLI E
LUCA ROCCATAGLIATI
TRADUZIONI
LETIZIA RUSTICHELLI

"L'ARTISTA E ORA IL DJ. IL DE-COMPOSITORE" DAVID TOOP (IN OCEAN OF SOUND)

LO ZEN E LA TEMIBILE ARTE DEL TAGLIA-E-CUCI

IL MIO SOGNO È REALIZZARE UNA "DJ ORCHESTRA"

maffia > sabato 13 marzo 1999

JAY CULTURE
Italy

designer: alessandro "jumbo" manfredini

GOA 2002
Italy

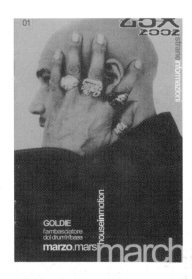

designer: unknown

FSD
Italy

font designer: fabrizio schiavi

Monica Due

Willy

itk²s

fsd.it

Monica Due

Willy

DELICATESSEN
Italy

designer: cristiana valentini@delicatessen

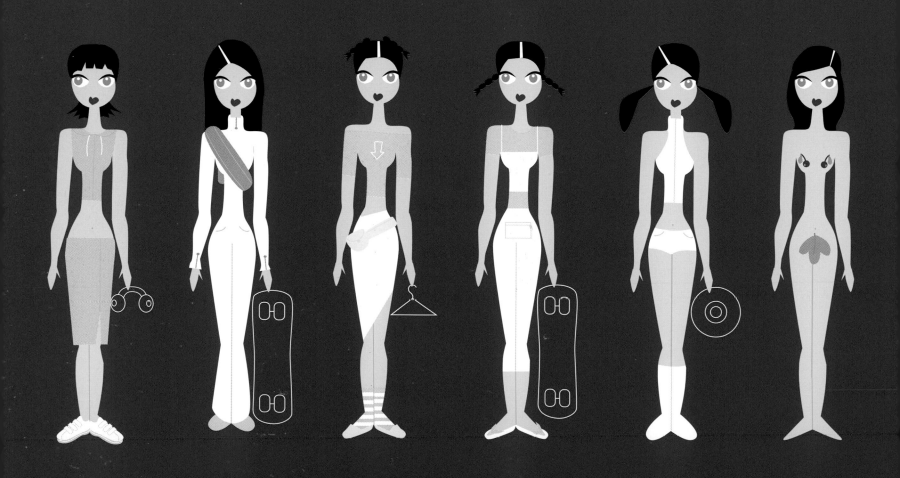

SATO LABO
Satoshi Matsuzawa

japan

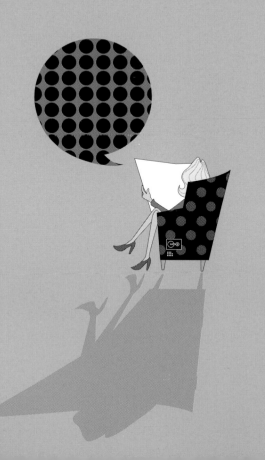

RECORD
RECORD
RECORD

flyer: "orange marmalade"

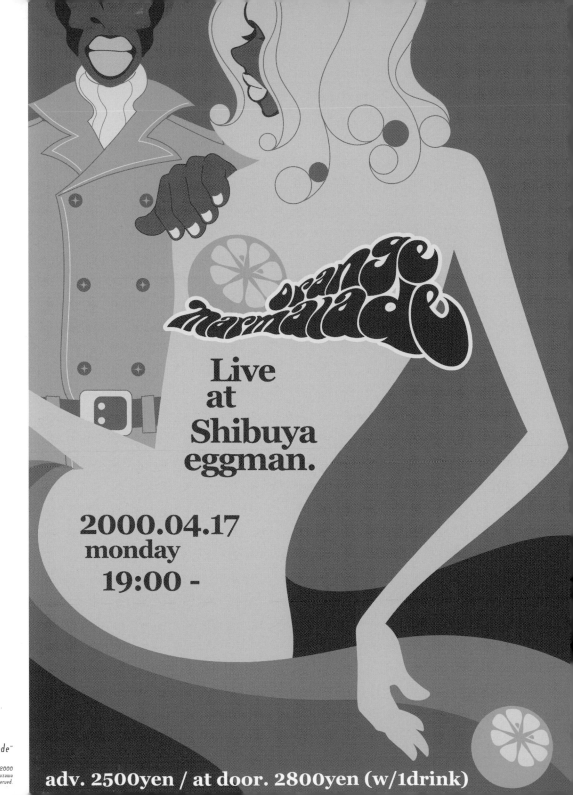

orange marmalade

Live
at
Shibuya
eggman.

2000.04.17
monday
19:00 -

adv. 2500yen / at door. 2800yen (w/1drink)

left: "dictionary"
right: "hard ride"

MTV

graphic designer: roberto bagatti, italy
creative supervisor: maurizio vitale, italy

up: MTV Ibiza 2000 (proposal)
        MTV Europe
        Roberto Bagatti, 1999

right: MTV Cercasi VJ
        MTV Italia
        Roberto Bagatti, 1999

down: MTV Sonic
        MTV Italia
        Roberto Bagatti, 1999

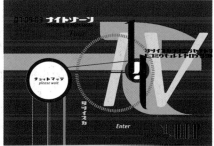

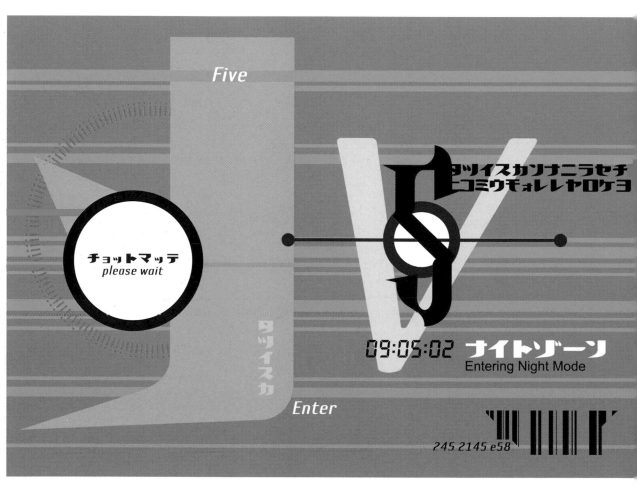

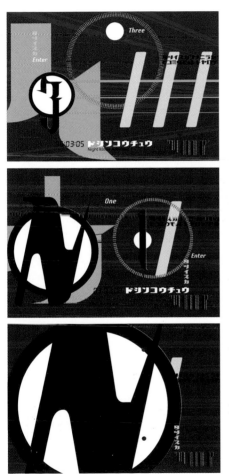

MTV Night Zone
MTV Italia
Roberto Bagatti
15"
1999

ピュアモーニグ

PM Mode Initialized
00:05:02

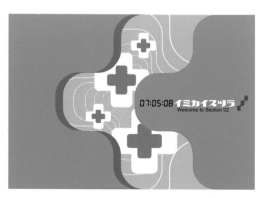

07:05:08 イミカイズツラ
Welcome to Section 02

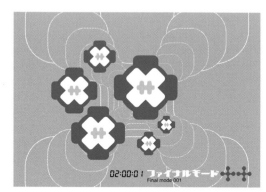

02:00:01 ファイナルモード
Final mode 001

MTV Pure Morni
MTV Italia
Roberto Bagatti
15"
1999

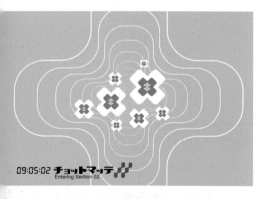

09:05:02 チョットマッテ
Entering Section 02

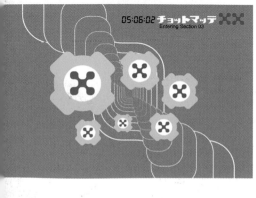

05:06:02 チョットマッテ XX
Entering Section 03

ピュアモーニグ

Pure **Morning**

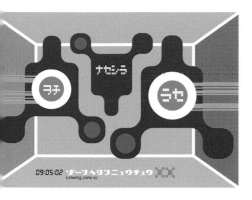

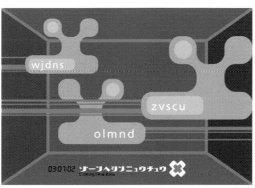

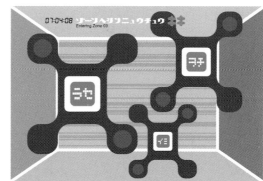

MTV Wake Up!
MTV Italia
Roberto Bagatti
15"
1999

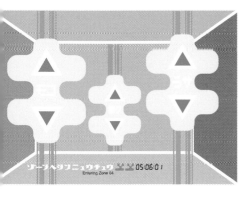

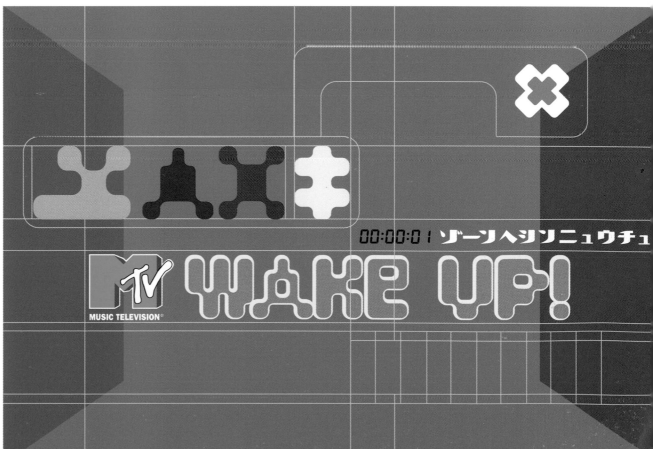

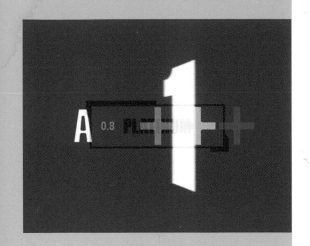

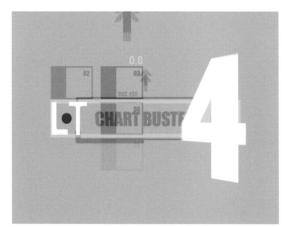

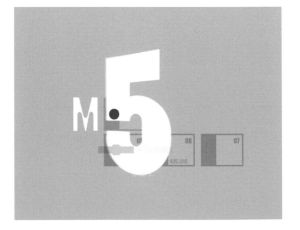

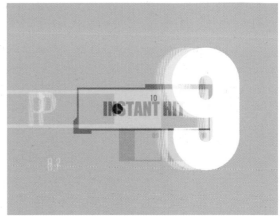

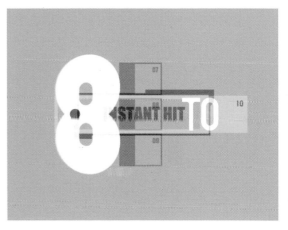

MTV All Time Top 10
MTV Italia
MTV Espana
Roberto Bagatti
10"
2000

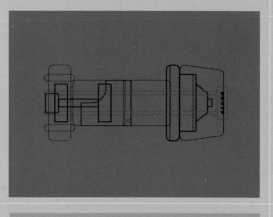

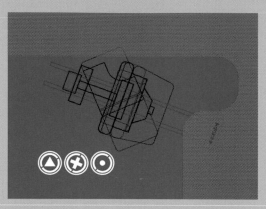

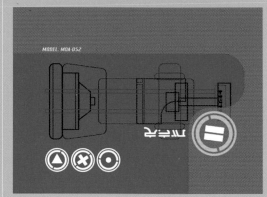

MODEL: MOA-052

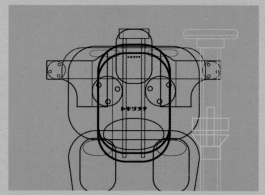

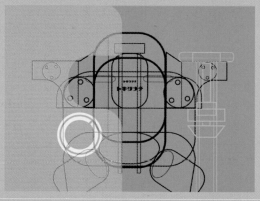

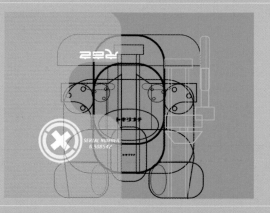

SERIAL NUMBER: 6.508542

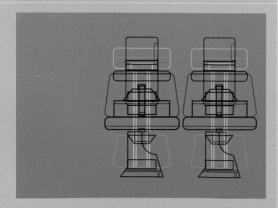

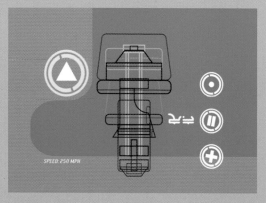

SPEED: 250 MPH

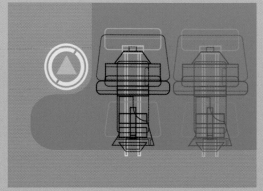

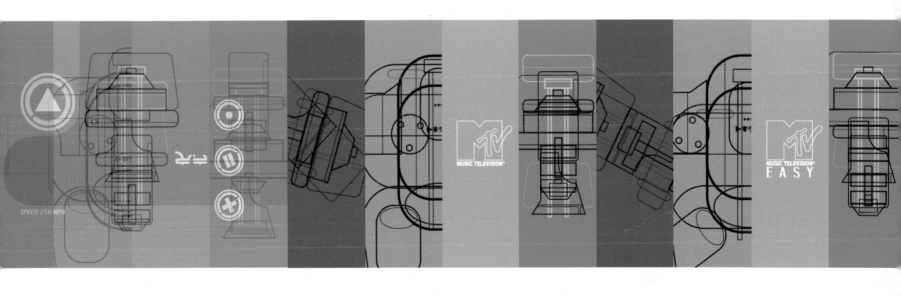

MTV Easy
MTV Italia
Roberto Bagatti
20"
1999

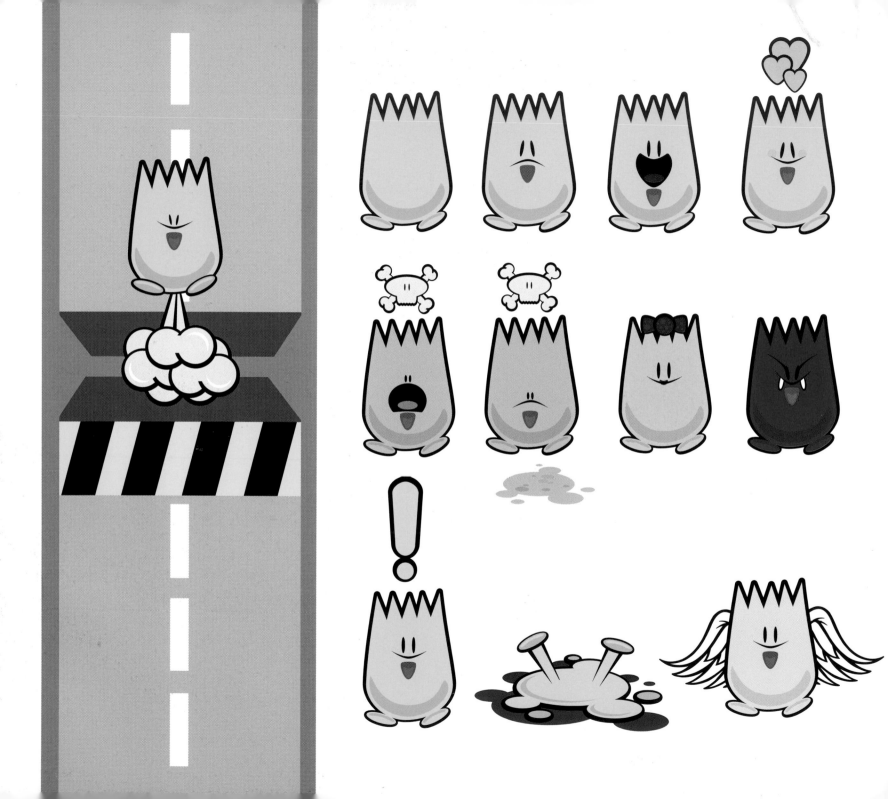

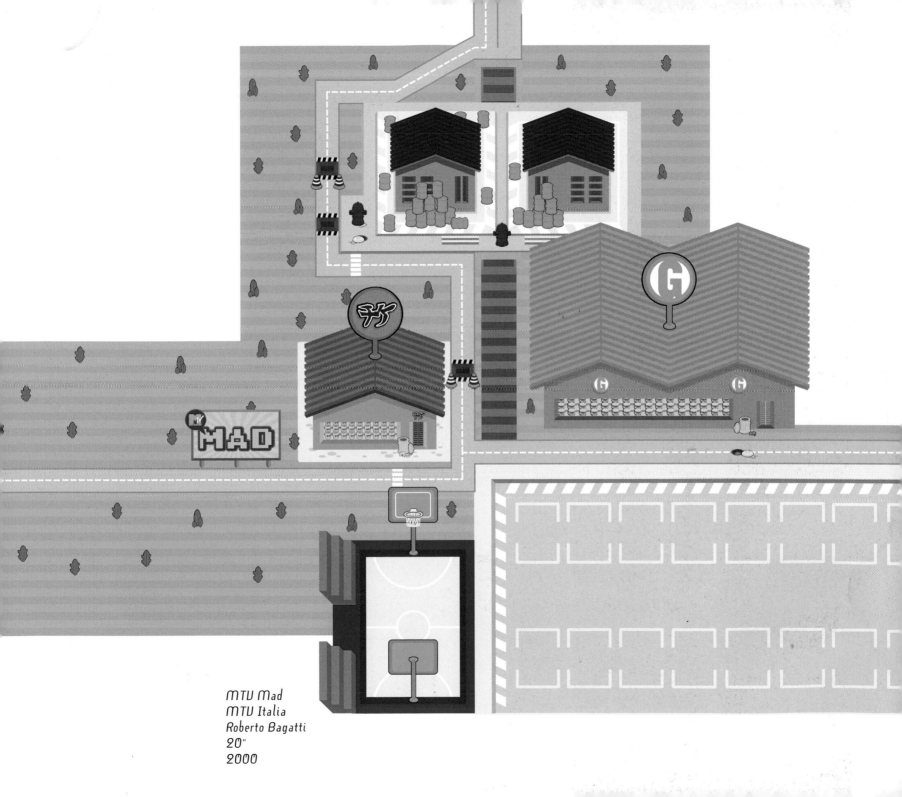

MTV Mad
MTV Italia
Roberto Bagatti
20"
2000

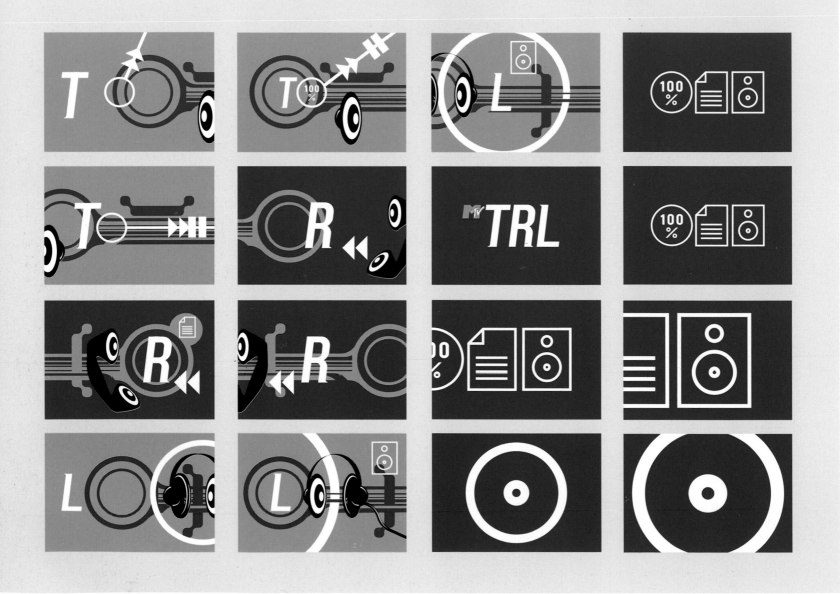

MTU TLR
MTU Italia
Roberto Bagatti
15"
1999

NU*DIRECTORS

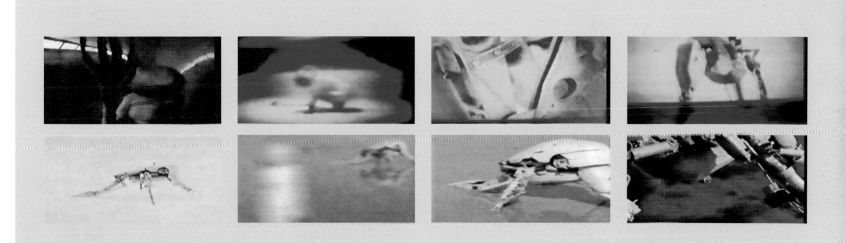

Chris Cunningham from the video "Second Bad Videl", Autechre

[testi] matteo bittanti (mbittan@tin.it)

"The student of communications is a connoisseur of media as art forms" (Marshall McLuhan)

Matteo Bittanti was born in the early Nineties amidst energetic crisis and Goldrake. He is fond of music videos, videogame culture and media tout court. His contributions appear on a regular basis on apogeonline.com, Cineforum, Super Console, T3 and other publications. He is also the author of L'Innovazione Tecnoludica (1999, Jackson Libri), a study on the origins and development of electronic entertainment. He currently lives in San Jose', California. In his spare time he kills zombies and reads J.G.Ballard.

"Lo studente di comunicazioni è un estimatore dei media come forme d'arte" (Marshall McLuhan)

Matteo Bittanti è nato nei primi anni settanta, tra una crisi energetica e Goldrake. Appassionato di video musicali, cultura videoludica, e media in generale, dal gennaio 2000 risiede a San Jose', California, dove frequenta un Master in Mass Communications. I suoi contributi appaiono regolarmente su Apogeonline, Cineforum, Super Console, T3 e altre testate. È l'autore de "L'Innovazione Tecnoludica" (1999), un saggio sui videogames pubblicato da Jackson Libri.
Nel tempo libero uccide zombi e legge J.G. Ballard.

CHRIS CUNNIGHAM
UN MALEDETTO ULTRACORPO

Nato a Lakenheath, una base militare americana nel Suffolk[1] Chris cresce e si sviluppa più rapidamente di un baccello alieno. La sua è una famiglia di hippies post-moderni: giornalista il padre, estetista la madre. Sin dai primi anni, il nostro dimostra un'intelligenza non comune. Trascorre l'infanzia a disegnare fumetti, inventare bizzarri giocattoli, a girare filmati con la sua telecamera. È aperto, anzi, spalancato alle più disparate influenze musicali, dai Tangerine Dreams a Vangelis, senza dimenticare jazz e hip hop. Ascolta anche musica classica, ma solamente quando non c'è nessuno in giro. Nei tempi morti (?) si dedica alla (s)cultura. Dorme pochissimo, perché si sa, chi dorme non piglia pesci. Non frequenta l'oratorio, ma passa in setaccio i multiplex dei centri commerciali alla frenetica ricerca di nuove immagini da assorbire e deformare. Nel 1977, rimane profondamente impressionato da STAR WARS e decide di cimentarsi seriamente con il medium cinematografico. Qualche anno dopo, Cunningham avvia una

collaborazione con uno dei più grandi esponenti dell'horror britannico, sir Clive Barker. Nel 1985, il prolifico scrittore commissiona a Cunningham una serie di creature mostruose per la versione cinematografica di "Nightbreed"[2]. I risultati sono impressionanti: il giovane creativo inventa alcuni dei personaggi più originali mai apparsi sul grande schermo dai tempi della Cosa carpenteriana. Non si può dire altrettanto della regia di Macelleria Mobile Barker: il film floppa clamorosamente al botteghino. Cunningham non si abbatte. Studia meticolosamente le opere dello svizzero H.R. GIGER e con "Alien 3" riesce (quasi) a superare il maestro. Sfortunatamente, il successo del film di Fincher è, se possibile, persino inferiore a quello di "Nightbreed". Ma il talento immaginifico di Chris non passa inosservato. Full Metal Kubrick lo arruola per "A.I.", un kolossal sci-fi che non verrà mai portato a termine perché nel frattempo gli occhi del maestro si erano aperti-chiusi su Nicoletta Uomo-Bambino e Tommaso

Crociera. Dopo un anno e mezzo, il progetto "A.I." si arena. KUBRICK chiama il time-out (in tutti i sensi) e Cunningham si ritrova con un pugno di mosche di velluto grigio. Per riprendersi dalla delusione, il nostro torna ai fumetti e sotto lo pseudonimo di Chris Halls collabora con la celebre testata di comics britannica, 2000 AD. Nella seconda metà degli anni novanta, Cunningham scopre EMPTY-V e si dà ai promo musicali o, più volgarmente, videoclip. Il suo stile sporco, alienato, disturbato, deforme, inquietante - per farla breve, inclassificabile - diventa ben presto la sua marca di riconoscimento. A questo punto, Chris è avviato sulla via della beatificazione o, se vogliamo, dannazione. L'incontro tra Chris e Aphex Twin è semplicemente esplosivo. Mentre autori come Jarvis Cocker, Mike Wallace o David Slade realizzano video abbastanza innocui (vedi "X" o "Donkey Rhubards" rispettivamente, quest'ultimo "interpretato" da tre coniglietti rosso giallo verde col faccione satanico di James),

Cunningham dirige film horror da cinque minuti. Oltre allo splendido "Come to Daddy", da citare "Windowlicker", una esilarante parodia del gangsta-rap con puttanone barbute, limo da venti metri e ombrelli alla Mary Poppins. "Yo fucking nigga please come get some pussy you mothafucka nigga...". Una delle sue produzioni più note è "Frozen" di Madonna. Il video, girato nel deserto Mojave, fa sfoggio di sofisticati effetti di morphing. In una memorabile scena, il corpo della Ciccone esplode in una miriade di frammenti che si trasformano in corvi neri. Un po' Poe, un po' Hitchcock, cento per cento Cunningham: "Frozen" ci aggiudica una caterva e una gazzosa di riconoscimenti, eppure resta uno dei video più mainstream e meno riusciti del nostro. Il leit motiv delle produzioni video di Chris è il corpo ma soprattutto le sue aberrazioni, mutazioni, trasformazioni. Cunningham è un discepolo di Cronenberg: i due paiono ossessionati dall'esigenza di riprodurre o inventare ex novo le più disturbanti deformità. C & C body factory: Chris e David si prodigano per mettere

a disagio lo spettatore, lo incoraggiano a distoglierle lo sguardo dallo schermo e, nella maggior parte dei casi, ci riescono benissimo. Attualmente, Cunningham sta lavorando alla sceneggiatura del film tratto dal romanzo di WILLIAM GIBSON, "Neuromancer", a torto considerato il romanzo che ha dato vita il genere cyberpunk - il primato spetta invece a "True Names" (1981) di Vernor Vinge - Neuromancer resta comunque una pietra miliare della fantascienza moderna (www.neuromancer.org). Cunningham ha diretto inoltre diversi promo commerciali. È l'autore dell'ultima campagna pubblicitaria PLAYSTATION ("Mental Health, Blood") e Nissan. Insomma, a questo punto lo avrete capito: Cunningham è un tipo strano. Secondo me è un dannato ultracorpo.

NOTE:

1) È singolare che un altro grande visionario di fine millennio, lo scrittore canadese Douglas Coupland, sia nato e cresciuto in una base militare americana.

2) Da noi ribattezzato abbastanza stupidamente Cabal.

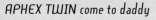
APHEX TWIN come to daddy

Bambini deformi col volto ghignante di Richard D. James inseguono e fanno a pezzi una vecchia megera... Quando la covata malefica incontra TWIN PEAKS. Il video, girato a Londra, ha ricevuto l'MTV Video Awards per gli effetti speciali nel 1998. Memorabile l'urlo disperato della vecchia...

www.aphextwin.org

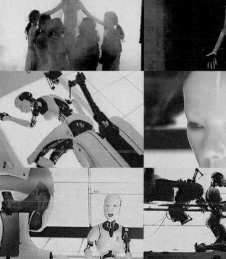
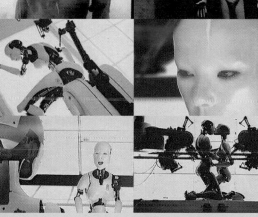
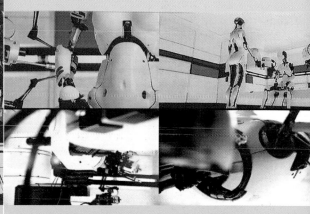

SQUAREPUSHER come on my selector

Come On My Selector (1997) segna il debutto di Cunningham alla regia.
Il pezzo di Tom Jenkinson, in arte Squarepusher si sposa benissimo alle immagini allucinate del video (e viceversa). Girato nell'ospedale di Northwick Park, a Londra, Come On My Selector descrive il tentativo di fuga di una ragazzina da un istituto psichiatrico di Osaka.
La tipa è accompagnata da un cane (parlante).
Mitico il montaggio frenetico, omaggio (gradito) al cinema di RINGO LAM...

www.warp-net.com

BJÖRK all is full of love

Björk ha sempre potuto contare sui registi più brillanti del pianeta Terra per accompagnare con immagini i suoi pezzi. Stiamo parlando di gente come SPIKE JONZE, MICHAEL GONDRY, BRIAN BELETIC.
Non poteva ovviamente mancare Chris Cunningham. All is full of love descrive un delicato ed al tempo stesso conturbante incontro amoroso tra due androidi paranoidi.
Il post-umano robotico è lo standard del nuovo millennium (si pensi solo al personaggio della Arquette in CRASH). All is full of love è il video preferito in assoluto da Chris e, se proprio dobbiamo dirla tutta, anche a noi piace un casino.

www.bjork.co.uk

LEFTFIELD *afrika shox*

Girato interamente a New York. Afrika Shox descrive con morboso compiacimento il progressivo frantumarsi di un povero disgraziato. Il tizio se ne va letteralmente a pezzi nel disinteresse della folla solitaria. Perde prima un braccio (cfr. Marylin Manson in "I don't like drugs..."), poi una gamba, saltella come un deficiente prima di crollare a terra. Il video trasuda ettolitri di humour nero (fulminante la battuta "do you need a hand?" di AFRIKA BAMBAATAA). Il finale ricorda quello del non meno impressionante "Rabbit in Your Headlights" degli U.N.K.L.E. "The world is on fire... Let's get electrified..."

www.leftfield-online.com

SPOT

Fi-Fi? Oui, c'est moi.
Le freak c'est chic.

title: Mental Wealth
client: Sony
director: C.Cunningham
copy: Trevor Beattie
art director: Bill Bungay
agency: TWBA

www.playstation-europe.com

PORTISHEAD *only you*

Uno dei migliori video di Cunningham. Le atmosfere cupe e melanconiche si accompagnano perfettamente ai versi di Beth Gibbons.
La cantante dei Portishead - ripresa in una vasca piena d'acqua - lamenta il progressivo congelarsi dei sentimenti. Siamo dalle parti di Tempesta di ghiaccio...

www.portishead.co.uk

Californiano di nascita, ma newyorkese d'adozione, Mike Mills e' indubbiamente una delle voci piu' originali all'interno del panorama videomusicale contemporaneo. La poetica di Mills glorifica la banalita' dell'ordinario senza per questo scadere nel neorealismo-pop da quattro minuti. Au contraire, il regista inventa allegorie iconografiche che accompagnano inusuali beat elettronici, creando arguti (video)giochini autoreferenziali.

Anziche' costruire delle storie, Mills assembla le immagini come fossero mattoncini lego, ricavando collages surreali, atmosfere in cui le tradizionali categorie spazio-temporali perdono di significato. Nessuna sorpresa, considerando che Mills rientra nella categoria dei cosiddetti "registi fotografici" come Romanek, Corbijn, Gondry, Kerslake a Bayer. Spike Jonze - che condivide lo stessa sensibilita' di Mills per il surreale - usa invece la macchina da presa principalmente per raccontare storie. Al pari del regista di "Being John Malkovich", Mills predilige il low-tech, il lo-fi, il fake. Anziche' stordire lo spettatore con sofisticati effetti digitali (Gondry) o immagini che disturbano (Cunningham), Mills racconta piccole storie, partite di ping pong, sogni mostruosamente proibiti di impiegati frustrati... Mills si appropria di elementi dell'immaginario collettivo e della cultura pop creando inedite situazioni.

Dopo aver ottenuto il suo B.A. presso la New York Copper Union nel '92, Mills lavora per circa un anno con TIBOR KALMAN presso l'agenzia M&Co. Passa quindi a Bureau, sotto l'egida di Marlene McCarty. Artista eclettico e versatile su tutti i fronti, Mills si dedica inizialmente al design di copertine dei CD per band come Beastie Boys, Cibo Matto e Sonic Youth. Realizza il logo di X-Girl e svariati poster, tra cui il celebre "Protest Against The Rising Tide of Conformity". Nel tempo libero, suona il basso insieme a Butter 08. Il suo video press kit per Frank Black (l'artista di Elektra, non il protagonista del carteriano Millennium) segna il punto di svolta della carriera di Mills, che abbandona temporaneamente le immagini statiche per cimentarsi con quelle in movimento.

Lo stile ingenuamente avant-garde di Mills ha contribuito a consacrare il successo planetario della band transalpina Air. Mills incontra i due francesi a Parigi, da Colette, uno dei negozi piu' fottutamente edgy della capitale francese. Gli Air, impressionati dalle opere dell'americano, gli propongono la direzione dei loro video. Inizialmente il designer temporeggia, ma i suoni ovattati e al tempo stesso trascinanti di Premieres Symptomes lo convincono ad accettare la sfida. Lo "Stile Mills" contamina presto anche gli spot pubblicitari. Memorabili, ad esempio, in promo televisivi come Kakhis a go-go per Gap, o i vari commercials per Apple, Nike, Adidas - indimenticabile quello del ragazzino brasiliano che palleggia tutto il palleggiabile nella cucina di casa. L'approccio concettuale e al tempo stesso affascinante di Mills risulta difficilmente etichettabile.

Raggiunto il successo, Mills abbandona l'East Village per il sole delle spiagge californiane. Torna a Santa Barbara e comincia ad indagare il lato oscuro dell'America suburbana, leit-motiv di film come "American Beauty", "Happiness", "Judy Berlin" e "The Virgin Suicides". Dopo il cortometraggio "Deformer", un ritratto del campione di skateboard Ed Templeton girato a Huntington Beach, California, Mills dirige il suo primo film, "The Architecture of Reassurance" (1999) presentato con grande successo all'ultimo festival di Sundance. Il film - un esempio di semi-fiction documentaristica alla "All I need", per intenderci -descrive con distacco paradossalmente empatico la storia di una tredicenne, Alice Cooper, persa in un quartiere residenziale suburbano tipicamente californiano, paesaggi punteggiati da barbecue, piscine e canestri. Al senso di smarrimento fisico corrisponde l'indifferenza ontologica di una adolescente che per la prima volta realizza la vacuita' del sogno americano.

Interpretato da Kelli Garner e Bethany Richards , "The Architecture of Reassurance" e' la cronaca di un pellegrinaggio tra non luoghi, una sorta di Alice nel Paese delle Meraviglie riletta da Marc Auge'.

Tre gli idoli di Mike Mills: JEAN LUC GODARD (Sympathy for the Devil, il documentario sui Rolling Stones), GUY DEBORD (La Societa' dello Spettacolo), ERROL MORRIS (Thin Blue Line, Mr. Death).

AIR Sexy Boy

Uno dei video piu' originali del 1999. Look anni settanta. usurato. antico. Una delle fonti di ispirazione di Mills è ARCHIGRAM. movimento culturale inglese che negli anni '60 ha inventato un nuovo modo di concepire l'architettura. Esempio paradigmatico di postmodernita' emmetiana. "Sexy Boy" è un pastiche di animazioni curate curate da Simon Brewster, che ammette il debito nei confronti del beatlesiano "Yellow Submarine". Notare la presenza della scimmietta. un elemento che ricorre con sospetta frequenza nella nuova generazioni di registi (Jonze. Gondry. etc.).

AIR All I Need

I documentari sono il primo amore di Mills e non sorprende la sua sua passione per Charles e Ray Eames. "All I Need" e' stato girato a Ventura, nel cuore della California suburbana. Il video. paradossalmente. ha riscosso molto piu' successo in Europa che negli Stati Uniti. L'intervista ai due protagonisti conferisce alle liriche un valore aggiunto. ambiguo. come lo è. del resto. lo stile millsiano.

MOBY Run On

Favola post-moderna una favola moderna utilizzando una narrazione di tipo involuto. Moby interpreta il ruolo di un triste impiegato d'ufficio ingobbito nel suo cubitolo che trova migliore fortuna nell'aldilà. Siamo dale parti del Steven Soderberghi di "Schizopolis "(1996).

AIR Le Soleil Est Pres De Moi

Il video - girato a New York. Parigi e Londra - riprende alcune fasi del tour degli Air e de facto tenta di rispondere alla domanda "Che cosa significa essere un gruppo musicale. oggi?". Il video - una sorta di omaggio al documentario su Bob Dylan di Pennabaker."Don't Look Back" - e' uno strano ibrido di sonorita' elettroniche e perfomance live. La camera si muove quasi casualmente sullo schermo. Mills lo chiama "accidental Framing". decentralizzazione dello sguardo. incapacita' di fissare l'attenzione. Panta rei.

AIR Kelly Watch The Stars

Una partita a ping pong alternata alle immagini di Pong.
La cosiddetta realta' e la cosiddetta simulazione. il simulacrum di Baudrillard.
Gli scambi sono girati a settancinque frames al secondo. ma in alcuni momenti raggiungono i cento. Mills gioca con le nostre aspettative e ci spiazza al tie-break.

EATING AND SLEEPING WAITING AND PLAYING

Pubblicato nel dicembre '99 dall'etichetta Astralwerks. "Eating. Sleeping. Waiting. and Playing" (VHS. DVD) c' un promo-documentario sul "Moon Safari" tour degli Air (1998). Prodotto da Levi's. l'etichetta transalpina Source e dallo stesso Mills. il film descrive l'esperienza degli Air su e giu' tra New York. Londra e Parigi. Completa il tutto la videografia completa degli Air. "Sexy Boy". "Kelly Watch The Stars" and "All I Need". piu' un bonus track. la versione orchestrale di "Remember" diretta da David Whitaker registrata negli studio londinesi di Abbey Road e il remix di "Kelly Watch The Stars" di Moog Cookbook. Nella versione DVD sono presenti anche alcune delle opere di Mike Mills. finora disponibile solo online.
Praticamente indispensabile.

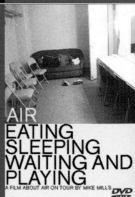

[artwork] *mike mills*

THE FACE

Spike!

Personaggio ormai carismatico in patria, Jonze ha intrapreso un piano transmediale di conquista interplanetaria. Maestro indiscusso dell'ottava arte - il videoclip - Jonze ha ridefinito un genere a lungo sottovalutato con trovate surreali, rifacendosi al sommo maestro WEIRD "AL" JANKOVICH per svecchiare una sempre più stereotipata MTV.

ADAM SPIEGEL - questo il suo vero nome - nasce nel '69 a St.Louis, Missouri da una delle famiglie più ricche degli States. Gli Spiegel infatti controllano il mercato delle vendite per corrispondenza e possiedono il popolare marchio di abbigliamento casual-chic Eddie Bauer. Jonze tuttavia decide di camminare con le sue gambe e si trasferisce in California, dove studia fotografia.

Nel '91 fonda la testata Dirt (sorellina di Sassy, la zine dei punkrockettari yankee) e trova il modo di farsi regalare le tavole da skate da GIRL SKATEBOARD COMPANY INC. e Chocolate Skateboards di Torrance (no, non il Jack di Shining, ma la cittadina della California).

ESSERE

SPIKE JONZE

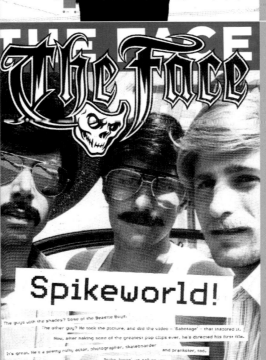

The Face

Spikeworld!

The guys with the shades? Some of the Beastie Boys.

The other guy? He took the picture, and did the video - 'Sabotage' - that inspired it.

Now, after making some of the greatest pop clips ever, he's directed his first film.

It's great, He's a pretty nifty, actor, photographer, skateboarder and prankster, too.

Spike Jonze: we salute you

Il passaggio dalla fotografia alla regia avviene nel '92, quando i Sonic Youth gli propongono di dirigere il loro nuovo video, "100%". Spike accetta di buon grado.

È l'inizio di una carriera fulminante. Grazie al sodalizio con i BEASTIE BOYS, il talento pop-culturale di Jonze emerge ai massimi livelli.

Per il trio di rappers bianchi, Jonze confeziona piccoli film di culto, da "Sabotage", versione riveduta e corretta di Starsky e Hutch a "Sure Shot" insieme a Yauch), il manifesto della band e produce anche la testata mito GRAND ROYAL (www.grandroyal.com). Investe i guadagni per comprarsi una Dodge Viper blu e bianca e vola su e giù per Beverly Hill, solo per vedere l'effetto che fa.

Siccome siamo dei fichi pazzeschi, adesso listiamo i principali lavori di Jonze.

Se la cosa non vi interessa potete sempre girare pagina o cliccare il tasto NEXT o masturbarvi allegramente guardando la réclame del wonderbra (poi però lavatevi le mani).

Per tutti gli altri, segnaliamo in disordine sparso: Beastie Boys ("Sabotage", "Time For

Livin'", "Root Down", la live version. "Sure Shot"). Bjork ("It's Oh So Quiet"). The Breeders ("Divine Hammer", "Cannonball", quest'ultimo insieme a Kim Gordon). Chemical Brothers ("Elektrobank"). Daft Punk ("Da Funk"). Dinosaur Jr. ("Feel The Pain"). Elastica ("Car Song"). Fatboy Slim ("Praise You"). Marxman ("All About Eve"). Mike Watt ("Big Train", "Liberty Calls"). MC 900 Ft. Jesus ("If I Only Had A Brain"). Notorious B.I.G. ("Sky's The Limit"). Pavement ("Shady Lanes"). Pharcyde ("Drop"). Puff Daddy ("It's All About The Benjamins"). R.E.M. ("Crush With Eyeliner", "Electrolite"). Rocket From The Crypt ("Ditch Digger"). Sean Lennon ("Home"). Sonic Youth ("The Diamond Sea", "100%"). Soundgarden ("My Wave"). Wax ("California", "Who Is Next"). Ween ("Freedom Of '76") e Weezer ("Undone - The Sweater Song", "Buddy Holly"). Ci siete ancora? Vi siete lavati le mani? Muy bien.

Mentre Cunningham si diletta a shockare lo spettatore. a metterlo a disagio. Jonze al contrario vuole farlo divertire. stupirlo con immagini e situazioni paradossali. spettacolarizzando il quotidiano con trovate cinematografiche (vedi il musical "It's so quiet" o il ballo della scuola di Benjamin's Rock Remix).
Dopo aver sfondato nel settore dei video musicali. Jonze si cimenta con la pubblicità. Nike. Levi's: Nintendo. Coors e altre lo coprono di soldi per averlo come regista di promo demenziali. Jonze prende e porta a casa e si diverte come un matto a spiazzare un po' tutti: si pensi solo allo spot in cui Sampras e Agassi trasformano l'intera New York in un campo di tennis. prima che un dannatissimo bus giallo metta fine all'avvincente sfida oppure all'esilarante spot Levi's "Tainted Love" del '97. In tempi più recenti. Jonze si è dato al cinema perché la tivù gli va sempre più stretta.

Dopo apparizioni in film come "Mi vida loca" di Allison Anders (nel quale interpreta il ruolo di un tossicodipendente all'ultimo stadio) e "The Game" (pasticcio di David Fincher. altro regista che ha un passato di promo director) Jonze compie un salto di qualità e recita al fianco di George "E.R." Clooney e Mark "Boogie Nights" Walhberg in "Three Kings". Da attore a regista il passo è breve (specie se sposi una del clan Coppola, Sofia): Charles Kaufman scrive. Michael Stipe dei R.E.M. caccia la grana. Jonze dirige. "Essere John Malkovich" arriva al cine. Oggi è un one man show. un birichino che combina marachelle a tutto andare. Voci di corridoio lo vogliono addirittura nel prossimo episodio di Star Wars…

[photo] "Being John Malkovich"

BEASTIE BOYS
sabotage

Il primo video tratto dal terzo album dei Beastie ("Ill Communication") è una esilarante parodia delle serie poliziesche degli anni settanta. Un delirio pop culturale che gli fa vincere il Billboard Music Video Director of the Year nel'94. Sabotage finisce al centro di un putiferio internazionale quando il massimo degli onori ai MTV Video Music Awards di quell'anno va invece a "Everybody Hurts" dei R.E.M., al che lo zio alcolizzato di Adam Yauch, Nathaniel Hornblower, irrompe per protesta sul palco del Radio City Music Hall, e comincia ad insultare più o meno tutti. Una fiaschetta vuota viene rinvenuta sul luogo.

www.beastieboys.com

FAT BOY SLIM
praise you

Spike Jonze è Richard Coufey, leader della TORRANCE COMMUNITY DANCE GROUP, una compagnia di ballo dilettantistica che si esibisce in un inusuale coreografia di fronte all'ingresso dei cinema. Sulle note del ragazzo magro grasso, Jonze saltella come un folletto sui marciapiedi, viene interrotto un paio di volte, riprende il suo balletto assurdo sotto gli occhi divertiti della folla in attesa di entrare al cinema. Il video, filmato con la collaborazione di ROMAN COPPOLA, ha vinto ben tre MTV Video Awards (Best Video, Breakthrough Video, Best Choreography). Jonze ha realizzato anche un curioso documentario sulla Torrance Community Dance Group, prodotto da Vince Flambeé.

www.tuttogratis.com/video/videoclipfatboyslim.html

PHARCYDE
drop

Riprendendo l'espediente utilizzato per la prima volta da LOUIS LUMIÈRE nel 1895 ("Charcuterie Meccanica"), Jonze sorprende gli spettatori con effetti ottici di grande effetto, ottenuti facendo scorrere le immagini al contrario.
Il trucco funziona alla grande anche cent'anni dopo e Drop conquista critica e pubblico. Tratto dal secondo album del quartetto losangelino, "Labcabincalifornia", "Drop" è una meditazione psichedelica sull'evoluzione dell'hip hop e sul plagio come modus operandi dei rappers. uno "stream-of-consciousness" beastieboysiano ("shit is-shit is ill, my flow still will spill toxic slick to shock you sick like electrocute when I execute, acutely over the rythym on those that pollute. extra dosages is what I gotta give em· got em mad and tremblin· cause I been up in my lad assemblin· misslies, to bomb the enemy") che si sposa alle grande alle immagini surreali del video. Imani, Booty Brown, Fat Lip, Slip Kid 3 si spogliano completamente, droppano vestiti ed ego per mostrarsi nudi come vermicelli. PHAT.

www.dvinyl.com/phar/html/videos.html

CHEMICAL BROS.
electrobank

Una ginnasta vince la competizione contro la fighetta di turno nonostante la caviglia dolorante e l'incoraggiamento dei genitori wasp. Melodrammone elettronico con break funky interpretato dalla giovane Sofia Coppola, futura moglie di Spike. Da segnalare che il pezzo dei Chemical è stato poi bellamente riciclato dalla Pirelli per un mediocre spot. Non è cattivo come "Out of Control", ma è pur sempre godibile. Burp.

http://the-raft.com/chemicalbros

BJÖRK
It's oh so quiet

"It's oh so quiet" è uno dei video più delicati della produzione dell'artista islandese. Atmosfere da musical anni trenta, colori rosa confetto, toni soffusi. Brillante.

www.bjork.co.uk/bjork

DAFT PUNK
da funk

Il tema dell'inadeguatezza e dell'immane solitudine che ne consegue - è uno dei leit-motiv della poetica jonziana. Nel video "Da Funk" (1997), un cagnolone dalle fattezze antropomorfiche di nome Charles deambula per il quartiere di East Village a New York in compagnia del suo stereo, incontra una ragazza, rimedia un invito a cena, ma quando si tratta di salire sull'autobus per recarsi sul luogo dell'appuntamento, viene bloccato dall'autista che gli indica l'inequivocabile cartello "No radios". Morale della favola. Charles si ritrova solo come un cane. NO SENSE MAKES SENSE ON MTV. Semplicemente imperdibile.

www.daftpunk.com

MICHAEL GONDRY   GEORGE MELIES DELLA POST-MODERNITÁ

nike

mtu

amd

Smirnoff

Levis

Gondry nasce e cresce Versailles tra Lego e Meccano. film horror e pop music. La sua e' una famiglia di geni e musicisti. Il nonno - Constant Martin - inventa una delle prime tastiere elettroniche. la Claviolina, che ottiene un grande successo commerciale in Francia, Germania ed Inghilterra. Il padre - un fan senza speranza di Duke Ellington - apre un negozio di strumenti musicali e vende chitarre elettriche a grandi e piccini. Versailles va presto stretta a Gondry che si teletrasporta nella capitale. Parigi. Li' studia graphic design e fonda il gruppo Oui Oui, una band a meta' strada tra il punk rock. il free jazz e la new wave. Si scopre ben presto cinefilo e si innamora delle opere di Marcel Carné, Jean Renoir e dei surrealisti tout court.
Dopo la visione de L'ATALANTE di Vigo compra una macchina da presa Bolex a 16-mm al mercato di Lille e si reinventa come regista di video musicali. Produce diversi clip per Oui Oui e viene "scoperto" dall'etichetta Island Records.
Dalla sera alla mattina. Gondry si ritrova impegnato a girare video per artisti di fama internazionale come Lenny Kravitz, Terence Trent D'Arby e soprattutto Bjork. Per l'artista islandese. Gondry dirige una serie di clip assolutamente straordinari, da "Army of Me" - in cui si evince chiaramente l'influenza di "Brazil" - ai sorprendenti "Joga" e "Bachelorette" (miglior regia agli MTV Video Awards del 1998).
Il punto di svolta della sua carriera risale al 1996. quando "Protection" (Massive Attack) riceve il premio per il miglior video musicale agli MTV Video Awards. Nello stesso anno. il video "Like a Rolling Stone" conquista una serie di riconoscimenti al Siggraph. Ars Digitalis ed Imagina.
E' fatta: il talento di Gondry esplode esponenzialmente.
Il suo stile - a meta' strada tra il surreale e il surgelato - fa scuola.
I giochi di prestigio del francese ammaliano ed ipnotizzano... Se Jonze stupisce con la retro-narrazione ("Drop". Pharcyde). Gondry opta per uno split screen ellettico che si fa beffe della diegesi cronologica ("Sugar Water" dei Cibo Matto). In "Around The World" (Daft Punk). la passione/ossessione di Gondry per la simmetria raggiunge livelli di perfezione/alienazione assoluta. Nel 1998. la Music Video Production Association lo incorona come miglior regista.
Dai videoclip ai commercials, il passo è breve. Gondry realizza una serie di pubblicita' di grande impatto visuale per aziende come Levi's ("Sirene". vincitore del Leone di Bronzo a Cannes). Smirnoff ("Smarienberg". Leone d'oro a Cannes. 1997). AMD ("Flatzone". versione aggiornata e corretta dell'abbottiano "Flatlandia"). Polaroid ("Resignation"). Adidas ("Released from Work"). Nat West ("Zoom"). Coca Cola ("Snowboard"). Volvo ("I said Volvo!") e persino Fiat (Lancia Y10) e Ma il suo capolavoro resta la trilogia "That's Holiday" per Gap. ("Kids. Trees. Mountains") i cui effetti speciali. caleidoscopici al punto giusto. sono stati curati dalla celebre agenzia francese Buf.
Al pari di Jonze. Cunningham e Mills. Gondry è volato al cinema. Nel 1999 dirige "La Lettre". un cortometraggio premiato come miglior film in bianco e nero al Cork Festival. Attualmente. sta girando "Human Nature". un film sceneggiato da Charles "Essere John Malkovich" Kaufman e prodotto da Spike "Tre Re" Jonze. Il film racconta le vicende surreali di una donna - Patricia Arquette - afflitta da peluria eccessiva (ricordate il togniazziano "La donna scimmia?") e uno psicologo un po' svitato (Tim Robbins).

foo fighters

björk

cibo matto

rolling s.

Michael Gondry's essential videography

OUI OUI LES CAILLOUX, Ma Maison, La Ville
INSPIRAL CARPETS, Two worlds collide
ETIENNE DAHO, Les voyages immobiles
IAM, Je danse le mia3
LENNY KRAVITZ, Believe
TERENCE TRENT D'ARBY, She kissed me
BJORK, Human Behaviour
DONALD FAGEN, Snowbound
LUCAS, Lucas with the lid off
SINEAD O'CONNOR, Fire on Babylon
MASSIVE ATTACK, Protection
BJORK, Army of me
BJORK, Isobel
ROLLING STONES, Like A Rolling Stone
BJORK, Hyperballad
CIBO MATTO, Sugar water
NENEH CHERRY, Feel it
DAFT PUNK, Around the world
DAFT PUNK, Da Funk
FOO FIGHTERS, Everlong
BJORK, Joga
BECK, Deadweight
BJORK, Bachelorette
STARDUST, Music sounds better with you
THE ROLLING STONES, Gimme Shelter
THE CHEMICAL BROTHERS, Let Forever Be

CHEMICHL BRUS Let Forever Be

L'immagine che si sdoppia, si triplica, si moltiplica. Montaggio frenetico. Trucchi digitali. La persistenza della (di)visione confonde l'occhio che si ritrova squarciato dal rasoio gondriano (Bunuel fatti da parte).
In "Let Forever Be" (Chemical Brothers), il piu' noto video di Michael Gondry, lo schermo diviene caleidoscopio, pastiche post-moderno, videogioco. Il regista manipola e manopola, illude e sorprende, stravolge e sgomenta. Lo spettatore è vittima ed al tempo stesso carnefice di una burla baudrillardiana, un'orgia di simulacri digitali. In video come "Protection", "Hyper Ballad", "Deadweight" ma soprattutto "Let Forever Be", il confine tra reale e virtuale, verita' e finzione si fa sottile, quasi indistinguibile.

D.A.F.T.: A Story About Dogs, Androids, Firemen and Tomatoes

Il DVD raccoglie i primi quattro video dei Daft Punk, tra cui lo splendido "Da Funk", diretto da Michael Gondry. Non meno interessanti "Revolution 909" (Roman Coppola), "Burnin'" (Seb Janiak) e Fresh (Daft Punk), che si aggiungono al commento dei registi, ai remix di Armand Van Helden, Masters At Work, Ian Pooley e Roger Sanchez, al classico making-of nonché all'interattivo "Rollin' & Scratchin' Live in LA", che consente allo spettatore di fruire l'azione da nove angolature differenti.

CATCELLULAR
www.catcellular.com

designer: satolabo

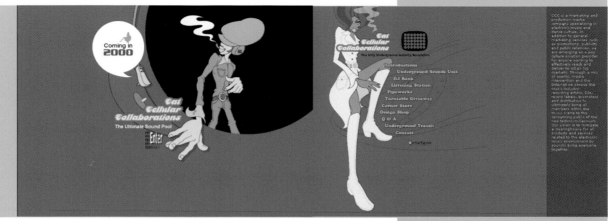

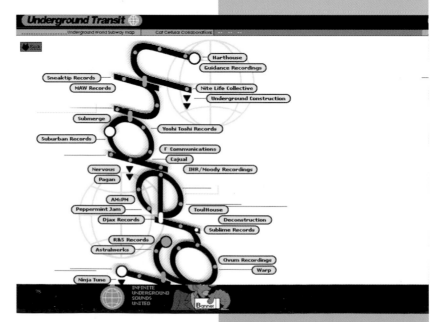

PASS iT ON

Message to the world.
Sometimes when you try to tell a story or want to describe a situation, or even feel the need to channel a feeling—you find it difficult to transfer the sensation in full details. Words are never enough because your ears can't speak them. Music appeals to me

Design Shop

Art Works

Satoshi Matsuzawa
Japanese, Designer, Illustrator
and Freelance Artist

I work with magazines, web, CD-jacket
and also I am the one of CCC graphic staff.
I draw MUSIC with my GOLDFINGER.

mail: Satoshi@catcellular.com

Back

Winner

Nov.1999
Round 2 winner :

**Ehab Metwally
(Australia)**

Every three months we
will announce a new
one.

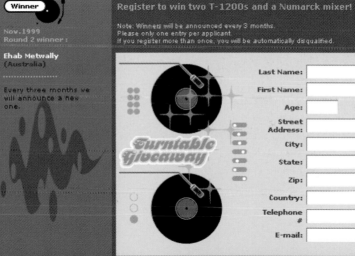

Register to win two T-1200s and a Numarck mixer!

Note: Winners will be announced every 3 months.
Please only one entry per applicant.
If you register more than once, you will be automatically disqualified.

Turntable Giveaway

Last Name:
First Name:
Age:
Street Address:
City:
State:
Zip:
Country:
Telephone #
E-mail:

List favorite styles of music (in order of preference)

ATOMIC CAFE

Munich trip hop and
lounge music dj culture

www.atomic.de

[germany]

CREAM

Liverpool-based, It's one of
main mega-clubs in England.

www.cream.co.uk

[uk]

BARRUMBA

small club big names

www.barrumba.co.uk

[uk]

CHEMISTRY

Amsterdam-based club.

www.chemistry.nl

[holland]

CODE

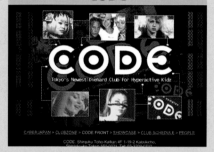

Tokyo-based club.
Pictures and schedules.

www.so-net.ne.jp/CYBERJAPAN

[japan]

MARQUISE

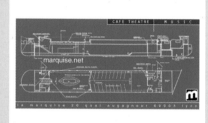

Energic club in Lyone

www.marquise.net

[france]

INTO SOMETHIN...

Munich compost club

www.intosomethin.com

[germany]

FUSE CLUB

Really complete site of this club in Brussels.
Schedules, pics, shop, news...

www.fuse.be

[belgium]

MAZZO

One of the best known clubs in the Netherlands.

www.mazzo.nl

[holland]

LINK

Club, factory, laboratory and much more

www.linkproject.org

[italy]

TRESOR

The world's most famous techno club.

www.tresorberlin.de

[germany]

ULTRASCHALL

One of the best clubs in the whole world,
in Munich

www.ultraschall.com

[germany]

INDUSTRY

It's one of best clubs in America, located in Toronto.

www.industrynightclub.com

[canada]

HYPE

HYPE CLUB

Päivitetty 7. Huhtikuuta 2000
© Micko

Club in Helsinki

www.appelsiini.net/hypeclub

[finland]

MAFFIA

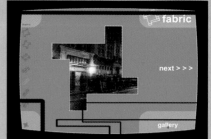

Pioneers of club culture in Italy
(read this book for details)

www.maffia.it

[italy]

FABRIC

King of the clubs in the capital
of club culture

www.fabric-london.co.uk

[uk)]

FLORIDA 135

Big techno-house club in Fraga. The site
features schedules, flyers, a nice magazine...

www.florida135.com

[spain]

SUB@FLEX

Breakbeat Temple in Vienna
near the river Danubio

www.sub.sil.at/flex.htm

[austria]

MINISTRY OF SOUND

Lots of clubbing data (news, reviews). MOS
is one of the most known clubs in the world.

www.ministryofsound.co.uk

[uk]

QUEEN

One of the most fascinating club
in Paris

www.queen.fr

[france]

ROHSTOFFLAGER

One of the best club in Switzerland

www.rohstofflager.ch

[switzerland]

THE END

All about this stronghold of London
clubbing.

www.the-end.co.uk

[usa]

TWILO

Maybe the best known club in New York.

www.twiloclub.com

[italy]

ZOUK

One world, one music, one tribe, one dance
in Singapore...

www.zoukclub.com.sg

[singapore)]

BATTLE SOUNDS

home of the turntablist
hip-hop djay documentary

www.battlesounds.com

[usa]

KNOWLEDGE

drum and bass, hip hop
and breaks

www.knowledgemag.co.uk

[uk]

INFAMOUS

the epicenter of hip hop music
and culture

www.infamousnyc.com

[usa]

F4

collective of like-minded souls dedicated to
dj-based music, technology and a bright future

www.f4music.com

[uk]

STRENGTH

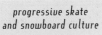

progressive skate
and snowboard culture

www.strengthmag.com

[usa]

STEELO

A style. An attitude.
A way of life.

www.steelo.com

[uk]

LODOWN

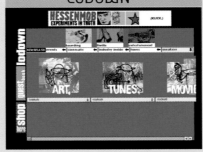

street, sports, cinema, music
and club culture

www.lodown.com

[germany]

SLAM JAM

beats&culture and street wear
update frequently

www.slamjam.it

[italy]

REBIRTH

Taking Hip-Hop and Future Music
to another level

www.rebirthmag.com

[usa]

THE SCENES

urban life and graffiti scenes

www.thescenes.com

[usa]

FREEZERMAG

Live wild and dangerously!

www.freezermag.com

[italy]

aRUDE

transglobal urban living

www.platform.net/substance/arude

[usa]

THE FLY

dope music magazine

www.fly.co.uk

[usa]

FUSED

UK underground club music magazine

www.fused.com

[uk]

THE VIBES NET

Sounds for the third millennium era.
One of the rare italian webzine

www.thevibes.net

[italy]

MIXMAG online

the world's biggest
dance music/club culture magazine

http://techno.de/mixmag

[uk]

is not was

the sounds of now

www.isnotwas.com

[usa]

SHIFT

Best webzine in Japan
design, music and much more

www.shift.jp.org

[japan]

SPEEDFONK

French Ezine jungle d'n'b

http://listen.to/speedfonk

[france]

CUBEMAG

lifestylez, action, visuals,
comix, sounds

www.cubemag.com

[italy]

DRUM&BASS ARENA

The Most Up-To-Date Drum'n'Bass Music Site
across the Internet

www.breakbeat.co.uk

[uk]

ONELOVEMAG

Music, life, spirituality

www.onelovemag.com

[usa]

URB

future music culture from L.A.

www.urb.com

[usa]

FLORIDA

much more than a dance magazine
the best in Spain

www.florida135.com/revista/revis12

[spain]

CLUBGUIDE

Clubguide to loads of cool dance sites
on the web

www.clubguide.com

[uk]

HYPERREAL

Extensive archives about all aspects of
rave culture

www.hyperreal.org

[uk]

E-DANCE

The UKs top dance music club
listing site.

www.e-dance.co.uk

[uk]

DEMONIMAGING

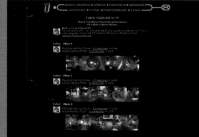

Hundreds of pictures of dj's, clubbers, and
adventures from around the world

www.demonimaging.co.uk

[uk]

DUBLAB

Positive Music Driven Lifestyle - a portal
to the future of music on the Internet

www.dublab.com

[uk]

GAIALIVE

The original internet radio station

www.gaialive.co.uk

[uk]

DIGITAL NOISE

Selected broadcast in Internet

www.digitalnoise.com

[usa]

NETMIX

house, hip hop, techno, trance, jungle, turntablism
dj mixes, real audio, mp3, underground culture

www.netmix.com

[uk]

SONAR

One of the most important events in electronic
music. Every june in Barcelona.

www.sonar.es

[spain]

MAYDAY

Home of massive parties pioneers in
Germany. Really complete site.

www.mayday.de

[germany]

LOVE PARADE

Since 1989, the biggest techno-heads gathering.
Pics, sounds and all about the event.

http://live.loveparade.de

[germany]

ENERGY

Massive party after
Zurich's Street Parade.

www.danceforce.com/energy

[switzerland]

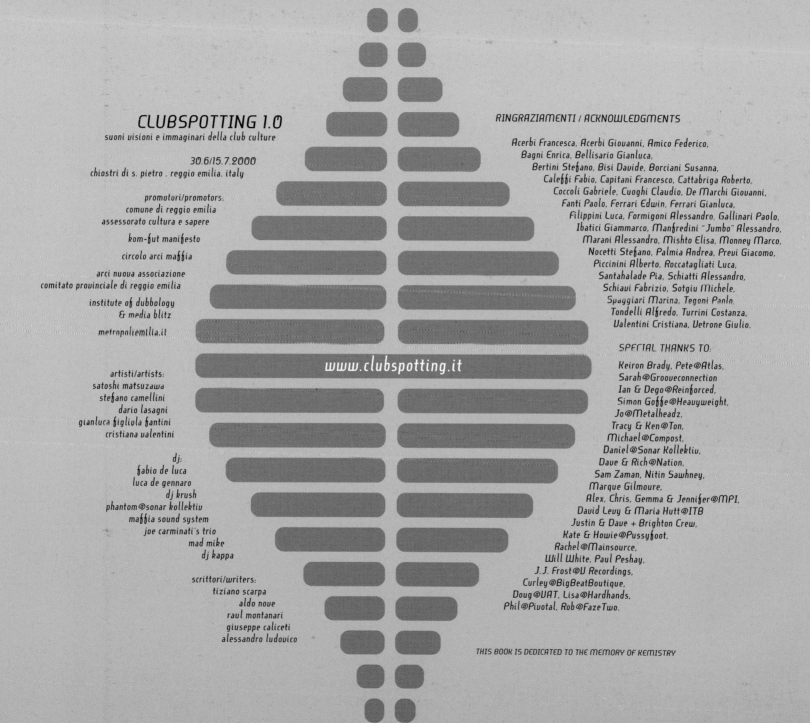

CLUBSPOTTING 1.0
suoni visioni e immaginari della club culture

30.6/15.7.2000
chiostri di s. pietro . reggio emilia. italy

promotori/promotors:
comune di reggio emilia
assessorato cultura e sapere

kom-fut manifesto

circolo arci maffia

arci nuova associazione
comitato provinciale di reggio emilia

institute of dubbology
& media blitz

metropoliemilia.it

artisti/artists:
satoshi matsuzawa
stefano camellini
dario lasagni
gianluca figliola fantini
cristiana valentini

dj:
fabio de luca
luca de gennaro
dj krush
phantom@sonar kollektiv
maffia sound system
joe carminati's trio
mad mike
dj kappa

scrittori/writers:
tiziano scarpa
aldo nove
raul montanari
giuseppe caliceti
alessandro ludovico

www.clubspotting.it

RINGRAZIAMENTI / ACKNOWLEDGMENTS

Acerbi Francesca, Acerbi Giovanni, Amico Federico,
Bagni Enrica, Bellisario Gianluca,
Bertini Stefano, Bisi Davide, Borciani Susanna,
Caleffi Fabio, Capitani Francesco, Cattabriga Roberto,
Coccoli Gabriele, Cuoghi Claudio, De Marchi Giovanni,
Fanti Paolo, Ferrari Edwin, Ferrari Gianluca,
Filippini Luca, Formigoni Alessandro, Gallinari Paolo,
Ibatici Giammarco, Manfredini "Jumbo" Alessandro,
Marani Alessandro, Mishto Elisa, Monney Marco,
Nocetti Stefano, Palmia Andrea, Previ Giacomo,
Piccinini Alberto, Roccatagliati Luca,
Santahalade Pia, Schiatti Alessandro,
Schiavi Fabrizio, Sotgiu Michele,
Spaggiari Marina, Tegoni Paolo,
Tondelli Alfredo, Turrini Costanza,
Valentini Cristiana, Vetrone Giulio.

SPECIAL THANKS TO:

Keiron Brady, Pete@Atlas,
Sarah@Grooveconnection,
Ian & Dego@Reinforced,
Simon Goffe@Heavyweight,
Jo@Metalheadz,
Tracy & Ken@Ton,
Michael@Compost,
Daniel@Sonar Kollektiv,
Dave & Rich@Nation,
Sam Zaman, Nitin Sawhney,
Marque Gilmoure,
Alex, Chris, Gemma & Jennifer@MPI,
David Levy & Maria Hutt@ITB
Justin & Dave + Brighton Crew,
Kate & Howie@Pussyfoot,
Rachel@Mainsource,
Will White, Paul Peshay,
J.J. Frost@V Recordings,
Curley@BigBeatBoutique,
Doug@VAT, Lisa@Hardhands,
Phil@Pivotal, Rob@FazeTwo.

THIS BOOK IS DEDICATED TO THE MEMORY OF KEMISTRY

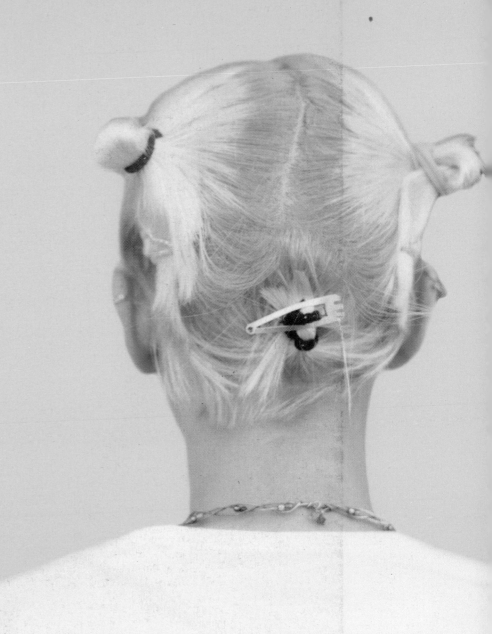

Printed in Italy by Grafiche Jolly (Modena)
ISBN 88-86416-24-5

[Photo] Fabio Boni